이모카세의 즐거운 밥상

# 이모카세

의 즐거운 밥상

뚝딱 차리는 한식 레시피 66
쉽고 빠르고 맛있게

김미형 지음

김영사

새벽 4시가 조금 넘어 눈을 뜹니다.
그날 가게에서 쓸 재료들을 주문하고
시장에 갈 준비를 합니다.

사우나에도 잠깐 들러 몸을 깨우고 마음도 가다듬어요.
맑은 정신으로 하루를 시작하면,
음식도 더 정성스럽게 나오는 것 같아요.

경동시장의 아침은 늘 분주합니다.
부지런한 상인들이 먼저 하루를 열고,
저도 그 틈에서 신선한 해산물과
산지에서 온 제철 나물들을 살핍니다.

맛있는 음식은 좋은 재료에서 시작된다는 걸 아니까
한 가지 한 가지 꼼꼼히 확인하며 장을 봅니다.

여름의 더위에도, 겨울의 찬 바람에도
언제나 국수를 삶고 고기를 썰며 손님을 맞이합니다.
손님들과 나누는 짧은 한마디가 저에겐 큰 힘이 되곤 해요.

점심 장사를 마치고 나면 '즐거운 술상'으로 자리를 옮깁니다.
이모카세 1호라는 별명을 만들어준 곳이지요.
20여 가지 저녁 반찬을 풍성하게 차려내고,
그날 찾아주신 손님을 한 분 한 분 정성스레 모십니다.

여전히 전화로 예약을 받는 이유도,
그냥 말이 오가는 게 좋기 때문이에요.
손님의 사연을 듣고, 생일이나 못 드시는 음식도 미리 알 수 있으니
더 따뜻한 식사를 준비할 수 있거든요.

밤 8시, 가게 문을 닫고 주방을 정리하며 하루를 마무리합니다.
새벽부터 밤까지 쉴 틈이 없지만,
그저 음식 만들고 사람 만나는 일이 좋아서
예전에도, 지금도 이렇게 살아가고 있습니다.

따뜻하게 차린 밥 한 끼가
누군가의 마음까지 데워줄 수 있다면,
그걸로 충분하다는 생각으로
오늘도 다시 앞치마를 두릅니다.

들어가며

**매일의 밥상에서 배운
인생의 맛**

안녕하세요. 이모카세 1호, 김미령입니다.

'그 사람의 음식을 먹어보면, 그 사람을 안다'는 말이 있어요. 저는 이 말이 참 맞다고 느낍니다. 음식에는 사람의 성격과 기억, 그리고 삶의 결이 그대로 담기거든요. 저 역시 요리를 하면서 멋을 부리기보단, 자연스럽고 따뜻한 마음을 담으려 애써왔습니다. 최소한의 간, 신선한 재료, 그리고 정성. 그 세 가지면 깊고 따뜻한 한 끼가 되더라고요. 국수를 삶고, 반찬을 무치며, 매일의 밥상에서 배운 진리예요.

어릴 적 꿈은 발레리나였지만, 중학생 무렵 집안 형편이 어려워지면서 시장에서 장사하던 어머니 곁에 붙어 자연스레 요리를 배우게 됐습니다. 경동시장에서 국수 장사를 이어받아 수많은 날을 육수 냄비 앞에서 보냈고, 그 속에서 하나의 진심을 알게 됐어요. 음식은 어렵지 않아야 하고, 무엇보다 따뜻해야 한다는 것.

화려하진 않아도
누군가를 미소 짓게 하는 맛,
그게 지금 김미령 인생의
맛인 것 같아요.

저는 지금도 한복을 입고 머리를 단정히 올린 채 손님을 맞습니다. 값비싼 재료는 아니어도, 손님이 '대접받고 있다'는 기분을 느끼셨으면 해서예요. 반찬 하나에도 계절을 담고, 먹기 좋은 온도와 색감까지 신경 씁니다. 맛은 거짓말을 하지 않으니까요. 시간과 손끝에서 나오는 정직한 맛이어야 한다고 생각합니다.

낮에는 '안동집'에서 하루 700그릇이 넘는 손국수를 내고, 저녁에는 창동의 '즐거운 술상'에서 예약제로 손님 스무 분을 위한 '맡김 한 상'을 차립니다. 20가지가 넘는 요리를 준비하면서도, 그날 그 손님에게 가장 어울리는 맛을 고민해요. 요리는 결국, 사람을 듣고 그에 답하는 일이라고 생각합니다. 그리고 이제는, 가게에 오기 힘든 분들, 집에서도 이모카세의 음식을 함께 나누고 싶은 분들을 위해 책을 펴냅니다. 살면서 천천히 익힌 손맛과 하루하루 부지런히 쌓아온 노하우를 온전히 담아 전합니다. 복잡한 과정을 덜고, 제철 재료와 시판 재료를 실용적으로 엮어 누구나 쉽게 따라 할 수 있도록 구성했습니다.

매일 밥상에 오르는 김치, 두부찌개, 콩나물무침 같은 반찬부터, 손님상에 어울리는 낙지배추숙회, 두릅전 등 제철 요리도 담았습니다. 여기에 제 인생 요리라 할 수 있는 안동국시와 함께 곁들여 먹으면 더 맛있는 수육, 배추전, 겉절이 레시피까지 아낌없이 담았습니다. 힘든 시절 제 가족의 삶을 지탱해준 음식이기도 합니다.

누군가의 집밥 같은 따뜻한 위로. 저는 그 온기를 이 책에 담고 싶었습니다. 화려하진 않지만 정직하고, 쉽게 따라 할 수 있으면서도 깊이 있는 요리들로요. 분주한 시장 부엌에서 손끝으로 쌓아온 시간, 그 모든 날이 담긴 이 레시피가 누군가의 한 끼에 따뜻한 위로가 되길 바라는 마음입니다.

정갈하게, 담백하게, 따뜻하게.
오늘도 저는 밥상을 차립니다.

김미령 드림

들어가며　매일의 밥상에서 배운 인생의 맛　16

## Chapter 1　손맛 비결

**요리하기 전, 이모카세 주방 들여다보기**

이모카세 레시피 기본 원칙: 쉽고 빠르고 맛있게!　28
손맛을 완성하는 비법 양념　32
감칠맛을 더하는 기본 육수　38
손 빠른 재료 손질법　42
요리가 쉬워지는 계량법　44

## Chapter 2
## 푸짐한 밥상 비결

**상차림이 쉬워지는 이모카세표 매일 반찬 세트**

### 1세트 극찬받은 이모카세 대표 반찬

| | |
|---|---|
| 구운 김 | 51 |
| 얼큰 두부찌개 | 54 |
| 표고버섯구이 | 56 |
| 닭볶음탕 | 58 |

### 2세트 맛도 영양도 챙기는 두부 반찬

| | |
|---|---|
| 들기름 두부구이 | 63 |
| 순두부찌개 | 66 |
| 두부묵밥 | 68 |

### 3세트 밥 한 그릇 뚝딱 간편 반찬

| | |
|---|---|
| 돼지고기 김치찌개 | 73 |
| 콩나물무침 | 76 |
| 제육볶음 | 78 |

## chapter 3 재료 비결

**계절별 재료로 맛있게 즐기는 제철 밥상**

### 春 봄

#### 봄 채소 요리

| | |
|---|---|
| 콩가루 부추찜 | 85 |
| 머윗대 나물볶음 | 88 |
| 마늘종 새우볶음 | 90 |
| 냉이된장찌개 | 92 |
| 콩가루 쑥국 | 94 |

#### 봄 해산물 요리

| | |
|---|---|
| 갑오징어볶음 | 97 |
| 톳두부무침 | 100 |
| 멍게무침 | 102 |

#### 봄 김치

| | |
|---|---|
| 쪽파김치 | 105 |
| 돌나물 물김치 | 108 |

[봄맞이 제철 술상]

#### 향긋한 봄나물 상

| | |
|---|---|
| 두릅전 | 112 |
| 미나리무침 | 114 |

**夏 여름**

## 여름 채소 요리
꽈리고추찜   119
감자전   122
얼큰 감자조림   124
가지구이   126
오이미역냉국   128
반건조오징어 꽈리고추볶음   130

## 여름 해산물 요리
감자 갈치조림   133
문어죽   136
문어초무침   138

## 여름 김치
오이소박이   141
얼갈이 열무 물김치   144

### 여름맞이 제철 술상

## 마음 든든한 보리밥 한 상
애호박볶음   148
열무비빔밥   150
우렁강된장   152

## 무더운 여름도 이겨내는 보양식 한 상
닭개장   156
닭무침   158

## 秋 가을

### 가을 채소 요리
돼지고기 녹두전　　　　　　　163
소고기 토란 뭇국　　　　　　　166
한입 고구마맛탕　　　　　　　168
아욱된장국　　　　　　　　　170
호박고지나물　　　　　　　　172
늙은호박국　　　　　　　　　174

### 가을 해산물 요리
낙지배추숙회　　　　　　　　177
꽃게탕　　　　　　　　　　　180
양미리조림　　　　　　　　　182

### 가을 김치
배추겉절이　　　　　　　　　185

[가을맞이 제철 술상]

### 한 번에 만드는 3가지 전 요리
동그랑땡　　　　　　　　　　190
고추전　　　　　　　　　　　192
산적꼬치　　　　　　　　　　194

**겨울**

## 겨울 채소 요리

| | |
|---|---|
| 시래기국 | 199 |
| 봄동 된장무침 | 202 |
| 더덕무침 | 204 |
| 무나물볶음 | 206 |

## 겨울 해산물 요리

| | |
|---|---|
| 바지락수제비 | 209 |
| 굴무침 | 212 |
| 명태국 | 214 |
| 양념꼬막 | 216 |

## 겨울 김치

| | |
|---|---|
| 동치미 | 219 |
| 김장김치 | 222 |
| 깍두기 | 224 |

[겨울맞이 제철 술상]

## 뜨끈한 안동국시와 수육 상

| | |
|---|---|
| 안동국시 | 235 |
| 수육 | 238 |
| 배추전 | 240 |
| 안동집 겉절이 | 242 |

**나오며** 따뜻한 한 끼가 내어주는 기쁨    244

요리는 어렵지 않아요.
신선한 재료 하나에 정성 한 스푼이면 충분해요.
과하지 않게, 자연스럽게.
집에서도 손쉽게 낼 수 있는 맛을 알려드릴게요.

Chapter 1

# 손맛 비결

요리하기 전, 이모카세 주방 들여다보기

## 이모카세 레시피 기본 원칙
## 쉽고 빠르고 맛있게!

*01* **신선한 재료로 바로바로 요리해요**

재료를 오래 쌓아두기보다, 먹을 만큼만 사서 바로 소비하는 걸 선호해요. 냉장고에 오래 보관하거나 얼려두기보단, 그때그때 신선한 재료로 바로 해 먹는 게 가장 맛있고 현명하다고 생각하거든요.

*02* **제철 재료로 싸고 건강하게 먹어요**

자연이 주는 시기에 맞춰 먹는 식재료는 특별한 조리 없이도 맛이 살아 있어요. 제철 재료는 가격도 착하고, 영양도 가득하죠. 지금 시장에서 가장 흔하고 싱싱한 재료로, 부담 없이 만들고 편하게 즐기는 밥상을 지향합니다.

*03* **누구나 쉽게 구할 수 있는 재료를 사용해요**

마트나 시장에서 흔히 살 수 있는 재료 위주로 구성했어요. 냉장고에 남은 재료를 요리에 활용하는 팁도 함께 넣었답니다. 시판 양념이나 반조리 식재료도 무리 없이 활용하고, 기본 간만 잘 맞추면 충분히 집밥 같은 맛이 나요. 익숙한 걸 잘 쓰는 게 진짜 요리예요.

### 04  기본 도구로도 충분히 맛있게 만들 수 있어요

큰 주방도, 특별한 기계도 필요 없어요. 집에 있는 칼, 도마, 냄비, 프라이팬이면 충분해요. 화구 두 개만 있어도 찌고 볶고 데쳐서 맛있는 한 상을 차릴 수 있죠. 도구가 적을수록 설거지가 줄고 요리도 쉬워져요. 중요한 건 손맛과 정성이에요.

### 05  간단한 조리로 빠르고 맛있게 완성해요

요리는 오래 끓인다고 다 맛있는 건 아니에요. 오히려 짧게 데치고 빠르게 볶는 게 재료 본연의 맛을 살릴 수 있죠. 퇴근 후 30분 안에 차릴 수 있는 현실적인 반찬과 국, 밥상 차림을 목표로 했어요. 시간은 짧게, 맛은 충분하게.

### 06  이모카세표 비법 양념으로 감칠맛을 더해요

몇 가지 양념만 잘 준비해두면 요리가 훨씬 쉬워져요. 맛간장, 만능 양념간장 같은 기본 양념이나 육수는 미리 만들어두면 바쁠 때도 금세 한 끼를 차릴 수 있어요. 이모카세만의 팁을 더하면, 집밥도 식당 밥처럼 감칠맛이 살아납니다.

**두 개의 화구면**
**충분해요**

이모카세 주방엔 화려한 장비 대신 화구 두 개와 몇 가지 도구만 있어요. 이걸로 하루 수십 가지 요리를 완성하죠. 핵심은 동선을 줄이고 조리 순서를 잘 잡는 것이에요.

예열이 오래 걸리는 재료부터 올리고, 끓이는 요리는 한쪽 화구에 맡겨둔 채 다른 화구로 볶거나 굽는 요리를 이어갑니다. 채소는 미리 손질하고, 양념은 손 닿는 곳에 두어 효율을 높이죠. 냄비 하나, 프라이팬 하나만으로도 충분히 빠르고 맛있게 만들 수 있어요. '무엇으로 하느냐'보다 '어떻게 움직이느냐'가 더 중요하다고 늘 생각해요.

# 손맛을 완성하는 비법 양념

비법 양념은 요리를 더 쉽고 맛있게 만들어줘요.
감칠맛 가득한 이 양념들은 한번 만들어두면
비빔밥, 쌈, 겉절이, 국물 요리까지 두루 활용할 수 있어요.
다양한 요리에 손맛을 더해주고, 식사 준비도 훨씬 간편해집니다.

# 만능 양념간장

**재료**

간장 1컵, 다진 마늘 2큰술, 참기름 2큰술, 고춧가루 4큰술, 통깨 2큰술, 송송 썬 대파 1대, 청양고추 약간(선택)

**만드는 순서**

1. 모든 재료를 고루 섞어요.
2. 나물무침이나 삶은 채소, 계란찜, 두부구이에 곁들여요.

**이모카세 tip**

청양고추를 넣으면 매콤한 풍미가 더해져 입맛을 돋워줘요. 기호에 따라 다진 양파나 식초를 살짝 넣어도 잘 어울려요.

# 맛간장

**재료**

물 4컵, 간장 1컵, 통마늘 15알, 다시마 3장, 대파 1대, 양파 1개

**만드는 순서**

1. 큰 냄비에 분량의 모든 재료를 고루 담아 끓여요. 더 깊은 맛을 원하면 멸치, 마른새우를 함께 넣고 끓여도 좋아요.
2. 한소끔 끓으면 다시마만 먼저 건져내고 채소가 뭉근하게 될 때까지만 끓여요. (너무 오래 끓이면 간장의 맛이 다 날라가요.)
3. 건더기는 건져내 간장만 병에 잘 담아 보관해두고 요리할 때 두루 활용해요. (건져낸 채소에 참기름과 통깨를 뿌려 반찬으로 먹어도 맛있어요.)

> **이모카세 tip**
> 미리 넉넉히 만들어 냉장 보관하면 나물무침을 하거나 양념장이 필요할 때 간편하게 사용할 수 있어요. 매콤하게 먹고 싶다면 청양고추를 추가해도 좋아요.

# 견과류 쌈장

**재료**

땅콩 2큰술, 호두 2큰술(또는 아몬드, 해바라기씨 등 구운 견과류 중 택), 들깻가루 3큰술, 다진 마늘 1큰술, 청양고추 1개(선택), 된장 3큰술, 고추장 1큰술, 참기름 2큰술, 미원 약간(선택)

**만드는 순서**

1. 마늘은 채 썰고, 청양고추는 송송 썰어요.
2. 견과류는 굵직하게 부숴요.
3. 볼에 부순 견과류, 들깻가루, 다진 마늘, 청양고추, 된장, 고추장, 참기름, 미원을 넣고 고루 섞어요.

**이모카세 tip**

껍질째 갈아낸 들깻가루를 넣으면 고소함은 물론 짠맛도 부드럽게 잡아줘요. 전통 쌈장보다 고소하고 풍부한 맛이 돌아, 고기 없이도 밥도둑이 되는 양념이에요. 상추에 올려 밥, 고기와 함께 쌈 싸 먹으면 밥 한 공기 뚝딱이에요.

# 볶음 고추장

**재료**

고추장 5큰술, 소고기 다짐육 100g, 다진 마늘 1큰술, 대파 1대, 간장 2큰술, 후추 1큰술, 미원 1/2큰술(선택), 소주 1/2컵, 참기름 3큰술

**만드는 순서**

1. 대파는 잘게 썰어요.
2. 팬에 다진 마늘과 대파를 넣고 볶아 기름을 내요.
3. 소고기를 넣고 간장, 후추, 미원을 더해 고기가 익을 때까지 볶아요.
4. 소주를 넣고 알코올이 한 번 날아가면 고추장을 넣고 약한 불에서 은근히 졸여요. 마지막에 참기름을 한 바퀴 둘러 마무리해요.

**이모카세 tip**

오이나 당근 같은 생채소를 찍어 먹어도 좋고, 물엿을 조금 넣어 떡볶이 양념으로 활용해도 맛있어요.

볶음 고추장을 비빔밥에
한 수저 넣으면 깊은 맛이 살아나요.
미리 만들어두면 여러 가지 반찬에도
두루 활용할 수 있어요.

# 감칠맛을 더하는 기본 육수

아래에서부터
멸치 무 육수, 닭 육수, 해물 육수.

# 멸치 무 육수

**재료**

국물용 멸치 20마리, 무 1/4개, 다시마 2장, 물 1L

**만드는 순서**

1. 멸치는 내장과 머리를 제거하고, 무는 두껍게 썰어요. 다시마는 마른 천으로 겉면만 가볍게 닦아요.
2. 냄비에 물, 멸치, 무, 다시마를 넣고 끓이다가 물이 끓기 시작하면 다시마는 5분 이내에 건져내요.
3. 남은 멸치와 무는 중약불에서 10분 이상 우려낸 뒤 건져내요.

**이모카세 tip**

무를 듬뿍 넣으면 국물 맛이 한결 시원하고 달큰해져요. 다시마는 오래 끓이면 점성이 생겨 국물이 탁해지고 떫은 맛이 날 수 있으니 금방 건지는 게 좋아요. 이 육수는 맑고 은은한 기본 베이스라 국수나 찌개 등 어디에나 무난하게 잘 어울려요.

# 닭 육수

**재료**

생닭 2마리, 닭발 20개(선택), 물 1.5L

**만드는 순서**

1. 닭과 닭발은 깨끗이 씻은 뒤 냄비에 넣고 물을 부어요.
2. 센 불에서 팔팔 튀겨내듯 끓여요. 거품을 걷어내고, 중약불에서 30~40분 끓여 육수를 우려내요.
3. 닭고기는 건져내 식힌 후 살을 찢어 닭개장이나 닭무침 등에 활용해요.

**이모카세 tip**

닭발을 함께 넣으면 육수가 훨씬 진하고 깊은 맛이 나요. 기름기를 걷어내면 더 맑고 깔끔한 국물이 되고, 닭개장이나 닭볶음탕 같은 국물 요리에 아주 잘 어울려요. 남은 육수는 냉장 보관해두었다가 찌개나 탕에 활용해도 좋아요.

# 해물 육수

**재료**

홍합 20개, 생굴 2컵(선택), 낙지 1마리(선택), 물 1L

**만드는 순서**

1. 홍합, 생굴, 낙지를 깨끗이 손질해요.
2. 냄비에 물을 붓고 손질한 해산물을 넣어 팔팔 끓인 후 건더기를 건져내요.
   (삶은 해산물은 파전을 부칠 때 고명으로 활용할 수 있어요.)

**이모카세 tip**

홍합은 저렴하면서도 시원한 감칠맛이 뛰어나요. 따로 복잡한 손질 없이 끓이기만 하면 되니 조리 시간도 짧고 간편해요. 기본 베이스로 다양하게 활용할 수 있어 해물전, 수제비, 국수, 겉절이 양념에도 잘 어울려요. 특히 해물전 반죽에 해물 국물을 쓰면 밀가루 비린내를 잡아주고 풍미가 살아나요. 국물을 낸 후 남은 홍합 살은 전이나 국수 고명으로 얹어 먹으면 알뜰하게 즐길 수 있어요.

## 손 빠른
## 재료 손질법

재료를 미리 손질해놓으면 요리가 편해져요. 재료를 씻어두고, 삶는 동안엔 무칠 재료를 준비하거나 썰어둘 걸 미리 손봐두면 반찬 서너 가지는 금세 만들 수 있어요. 다진 마늘이나 대파처럼 자주 쓰는 재료는 미리 송송 썰어두면 훨씬 수월하고요. 재료 썰기에도 여러 가지 방법이 있어요. 모양에 따라 이름도 달라지고, 같은 재료라도 느낌이 달라지죠. 자주 쓰이는 재료들을 어떻게 손질하면 좋을지 하나씩 소개할게요.

### 다양한 썰기 방법

**반달 썰기** 애호박, 오이 같은 둥근 채소를 반으로 갈라 반달 모양으로 써는 방법이에요.
**깍둑 썰기** 고구마, 감자 등을 정육면체 모양으로 네모나게 써는 방법이에요.
**다져 썰기** 마늘, 생강, 양파 등의 재료를 아주 잘게 썰어 골고루 섞이도록 하는 손질법이에요.
**송송 썰기** 쪽파, 대파, 청양고추 같은 긴 재료를 얇게 똑똑 썰어내는 방식이에요.
**잘게 썰기** 양파, 마늘, 당근 등 단단한 재료를 일정한 크기로 작게 써는 방식이에요. 볶음이나 국물 요리에 골고루 퍼지게 할 때 자주 쓰여요.
**은행잎 썰기** 무, 당근 등의 재료를 길게 십자 모양으로 4등분하여 원하는 두께로 잘라 은행잎 모양으로 써는 방식이에요.
**모양 살려 썰기** 재료 본연의 모양을 유지한 채 얇게 써는 방식이에요. 특히 버섯이나 오이처럼 생김새가 중요한 재료에 쓰이며, 담았을 때도 보기 좋아요.
**채 썰기** 오이, 무, 당근 등을 길고 가늘게 썰어야 할 때 쓰는 방식이에요.
**어슷 썰기** 고추, 대파, 오이 같은 길쭉한 재료의 단면을 넓게 살려 식감을 살리는 방법이에요.
**얇고 넓게 어슷 편 썰기** 당근 등의 길쭉한 재료를 비스듬하게 얇고 넓게 썰어 모양을 살리는 방식이에요. 주로 볶음이나 조림에 활용되며, 단면이 넓어 식감이 더 잘 살아나요.

## 요리가 쉬워지는 계량법

평소 하루 수십 명의 손님을 맞으며 많은 양의 음식을 한꺼번에 조리하다 보니, 정밀한 계량보다는 손에 익은 감으로 요리하는 데 더 익숙해요. 그래서 이 책에서는 계량스푼 대신, 밥숟가락으로 1큰술, 종이컵으로 1컵, 손가락으로 1꼬집처럼 친숙한 기준으로 계량했어요. 꼭 숫자에 딱 맞추기보다, 재료의 농도나 상태, 그리고 내 입맛에 맞게 조금씩 조절해보며 요리해보세요. 결국 가장 중요한 건 입과 마음이 기억하는 맛이니까요.

**숟가락**

**1큰술** 밥숟가락으로 볼록하게 담은 양

**1/2큰술** 밥숟가락으로 1/2 볼록하게 담은 양

**1/3큰술** 밥숟가락으로 1/3 볼록하게 담은 양

**1작은술** 티스푼으로 볼록하게 담은 양 (1/3 큰술과 동일)

( 액체류는 평평하게 채워 담아요. )

**종이컵**

1컵 (120ml)     1/2컵 (60ml)

**손가락**

**1꼬집**
엄지와 검지로 집었을 때의 양

**일러두기**
재료의 양은 4인분을 기준으로 합니다.

매일 반찬 걱정, 이젠 덜어내세요.
간단하지만 맛있고, 아이부터 어른까지 함께 즐길 수 있는
이모카세표 반찬들로 집에서도 푸짐한 한 상을 금세 차릴 수 있어요.

Chapter 2

# 푸짐한 밥상 비결

상차림이 쉬워지는
이모카세표 매일 반찬 세트

# 대표 반찬

## 극찬받은 이모카세

표고버섯구이

닭볶음탕

1 세트

구운 김
얼큰 두부찌개

김은 어릴 적 엄마가 만들어준 방식 그대로 굽고 있어요.
시간이 조금 걸리더라도 사 먹는 것보다 훨씬 맛있거든요.
지금은 그 김을 우리 아이들이 잘 먹어요. 정성과 추억이 담긴 맛이죠.
요즘 아이들은 조미김에 익숙하지만,
가끔씩은 이렇게 따뜻하게 직접 구운 김을 먹어보면 좋을 것 같아요.

캐비어보다 맛있는 손맛
# 구운 김

김은 재료가 단순한 만큼 정성이 맛을 좌우해요. 기름을 바르고 천천히 굽는 동안 고소한 냄새가 부엌에 퍼지면, 그 순간부터 반찬 하나는 이미 완성된 셈이죠.

---

[재료]

재래김 10장, 맛소금 10꼬집, 참기름과 들기름 1:1

[만드는 순서]

1. 참기름과 들기름을 1:1 비율로 섞어주세요.
2. 김을 쟁반 위에 두고 반들반들한 면에 기름칠을 해주세요. 기름이 옆으로 흐르지 않을 정도로 한 면만 골고루 발라주세요.
3. 맛소금은 손가락으로 1꼬집 집어서 한 면에 넓게 뿌려주세요. (소금이 들어갔나? 싶을 정도로 살짝만 뿌리면 돼요.)
4. 가장 약한 불로 김을 앞뒤로 여러 번 뒤집으며 천천히 구워주세요. 검은 김이 초록색을 띨 때까지요. (김은 성질 급하면 다 타버려요! 느긋한 마음으로 구워주세요.)
5. 칼로 먹기 편한 크기로 잘라요.

> **이모카세 tip**
> 기름을 바르고 나서 굽기 전에 냉동 보관해두고 먹을 때마다 몇 장씩 바로 구우면 금방 기름 바른 것처럼 맛있게 먹을 수 있어요.

방송에서 소문난 그 맛
# 얼큰 두부찌개

두부는 값도 착하고 다루기 쉬우며, 어떤 양념에도 스며들어 조용히 제 역할을 해내는 재료예요. 별다른 재료 없이도 두부 한 모만으로 끓인 얼큰한 찌개는 밥에 쓱쓱 비벼 먹기만 해도 속이 다 풀릴 만큼 든든하죠. 단출하지만 정직한 재료 하나로 깊은 맛을 낼 수 있다는 걸, 저는 두부로 배웠어요.

### 재료

찌개용 두부 1모, 대파 1/2대, 청양고추 2개, 양파 1/2개, 식용유 4큰술, 고추장 1/2큰술, 고춧가루 2+1/2큰술, 다진 마늘 1큰술, 국간장 1/2큰술, 소금 1작은술, 물 4컵, 들기름 1큰술, 후추 1/2큰술

### 만드는 순서

1. 두부를 큼직하게 반으로 자른 다음, 직사각형 모양으로 먹기 좋게 썰어요. 대파는 송송 썰고, 청양고추는 어슷 썰고, 양파는 채 썰어요.
2. 냄비에 식용유를 두르고, 대파, 고추장, 고춧가루, 다진 마늘, 국간장, 후추를 넣어 중불에서 볶아요.
3. 고추기름이 만들어지기 시작하면 물을 넣고 썰어둔 양파와 청양고추를 넣고 끓여요.
4. 양파가 반쯤 익었을 때 두부를 넣어요.
5. 국간장과 소금으로 간을 맞춰요. 한소끔 끓인 후에 들기름을 둘러 마무리해요.

> **이모카세 tip**
> 채수 없이도 깊은 맛을 낼 수 있어요. 고추기름을 먼저 만들어 풍미와 감칠맛을 끌어올리는 것이 이 찌개의 핵심이에요. 냉장고에 남은 양파, 배추, 무 같은 채소를 함께 넣으면 더욱 시원하고 진한 국물 맛을 즐길 수 있어요.

쫄깃한 한입의 풍미
# 표고버섯구이

어릴 적부터 버섯이 흔한 지역에서 자라 자연스럽게 표고버섯을 즐겨 먹었어요. 아이 이유식에도 자주 활용했는데 그래서인지 아이가 자라서도 거부감 없이 잘 먹더라고요. 잘 구운 표고버섯에 참기름 약간, 맛소금 한 꼬집만 더해도 향과 식감이 살아 있는 훌륭한 요리가 돼요.

---

재료

표고버섯 8개, 참기름 약간, 맛소금 1꼬집, 검은깨 약간 (선택)

만드는 순서

1  표고버섯의 기둥은 떼고, 상태가 좋다면 마른 키친타월로 닦고, 흙이 있거나 껍질이 더러울 경우만 물에 가볍게 씻어 키친타월로 물기를 닦아요.

2  달군 팬에 식용유를 살짝 두르고, 표고버섯의 등 부분을 올려 앞뒤로 구워요. (한 번만 뒤집는 것이 좋아요. 익으면 색이 까매져서 구분할 수 있어요.)

3  구운 표고버섯을 접시에 담고 맛소금을 솔솔 뿌려요.

4  참기름을 살짝 두르고, 원한다면 검은깨를 뿌려서 마무리해요.

> **이모카세 tip**
>
> 표고버섯을 구울 땐 둥근 등 부분이 아래로 가도록 놓아야 해요. 그래야 안쪽이 움푹한 쪽에 수분이 고이면서, 뒤집었을 때 그 물로 한 번 더 익힐 수 있어요. 마지막에 검은깨를 뿌리면 색이 예뻐요.

아들이 반한 최애 밥도둑
# 닭볶음탕

어릴 적 엄마가 키운 닭으로 만들어주셨던 닭볶음탕은 식탁에 자주 오르는 익숙한 요리였어요. 지금은 아들이 가장 좋아하는 음식이기도 해요. 채소를 곁들이면 닭 한 마리로도 푸짐하게 나눠 먹을 수 있어서 온 가족이 행복해지는 음식이에요.

재료

닭볶음탕용 닭 1팩(800g), 해물 육수 5컵, 당근 1개, 양파 1+1/2개, 감자 2개, 대파 1+1/2대, 무 1/4개, 다진 마늘 2큰술, 고춧가루 4큰술, 간장 2큰술, 물엿 2큰술, 고추장 1큰술, 후추 1/2큰술

만드는 순서

1. 닭을 깨끗이 씻고 냄비에 담아 물을 붓고 한 번 삶아 불순물을 제거해요. 당근, 양파, 감자, 무는 큼직하게 깍둑 썰고, 대파는 세로로 길게 반 자른 뒤 감자 길이에 맞춰 4cm 정도로 썰어요.
2. 삶은 닭을 물에 헹궈 다시 냄비에 담고, 해물 육수를 넣어요. (만약 육수가 없다면 물로만 끓여도 괜찮아요. 닭 자체가 육수가 돼요.)
3. 다진 마늘, 고춧가루, 간장, 물엿, 고추장, 후추를 넣고 잘 섞어요.
4. 끓기 시작하면 당근, 양파, 감자, 무를 넣어요.
5. 채소가 익고 국물이 걸쭉해지면 대파를 넣고 한소끔 더 끓여요. 간이 싱거우면 소금으로 조절해요.

**이모카세 tip**

채소를 넣을 때 묵은지가 있다면 같이 넣어도 맛있어요. 냉장고에 먹다 남은 술이 있다면 소주 1잔을 살짝 넣어보세요. 비린내를 잡아줘요.

맛도 영양도 챙기는
두부 반찬

들기름 두부구이

# 2 세트

두부묵밥　순두부찌개

두부는 부담 없는 가격에 영양까지 고루 갖춘 착한 재료예요.
식물성 단백질이 풍부해 매일 먹어도 좋은 식재료죠.
조리법도 다양해서 어떤 반찬으로든 자연스럽게 어울려요.

겉바속촉의 정석
# 들기름 두부구이

기름지고 자극적인 음식보다 은은한 고소함이 끌리는 날에는 들기름에 두부를 바삭하게 구워보세요. 뜨끈한 두부에 양념간장 살짝 얹으면, 간단하지만 마음까지 따뜻해지는 한 접시가 완성돼요. 들기름과 두부는 그야말로 찰떡궁합이죠.

---

**재료**

두부 1모, 들기름 4큰술, 검은깨 1큰술, 만능 양념간장
(33쪽 참고)

**만드는 순서**

1. 두부는 두툼하게 썰고, 키친타월로 물기를 꼭 눌러 제거해요.
2. 달궈진 팬에 식용유를 두르고 두부를 올려요.
3. 한 면이 노릇노릇하게 익을 때까지 기다렸다가 들기름을 한 바퀴 둘러요.
4. 한 번만 뒤집어 양면을 고루 구워요.
5. 접시에 가지런히 담아 검은깨를 올려요. 만능 양념간장을 만들어 구운 두부와 곁들여 먹어요.

> **이모카세 tip**
> 겉바속촉을 좋아한다면 팬을 센 불에 충분히 달군 후 빠르게 구워요. 부드러운 식감을 원한다면 약불에서 천천히 익히는 게 좋아요. 식용유나 들기름은 취향에 따라 선택해요. 구울 땐 식용유, 마무리엔 들기름을 뿌리는 것도 좋아요.

보글보글 뜨끈한 위로
# 순두부찌개

뜨끈한 국물이 생각날 때 늘 떠오르는 순두부찌개는 간단한 재료만으로도 깊은 맛을 낼 수 있어서 바쁜 날 저녁 메뉴로 안성맞춤이에요. 채소와 순두부만으로도 순하고 담백하게 즐길 수 있고, 해물이나 고기를 더하면 한층 풍성하고 깊은 맛을 느낄 수 있습니다.

---

**재료**

순두부 2봉, 애호박 1/4개, 양파 1/2개, 대파 1대, 청양고추 1개, 식용유 3큰술, 고춧가루 3큰술, 고추장 1/2큰술, 국간장 1큰술, 다진 마늘 1큰술, 물 3컵, 후추 1작은술, 소금 1/2큰술, 참기름 1/2큰술

**만드는 순서**

1. 애호박은 반달 썰고, 양파는 먹기 좋은 크기로 썰어요. 대파와 청양고추는 송송 썰어요.
2. 냄비에 식용유를 두르고 고춧가루, 고추장, 국간장, 다진 마늘을 넣고 중불에서 살짝 볶아요.
3. 양념이 타기 직전에 물을 넣어요. 끓기 시작하면 손질한 애호박, 양파, 대파, 청양고추를 넣고 끓여요.
4. 채소가 어느 정도 익으면 순두부를 반 갈라서 냄비에 으깨지지 않도록 조심스럽게 넣고 숟가락으로 숭덩숭덩 크게 잘라요.
5. 후추를 넣고 간을 본 다음 부족하면 소금으로 맞춰요. 참기름을 둘러 마무리해요.

> **이모카세 tip**
> 바지락이나 오징어를 채소와 함께 넣으면 시원한 해물 순두부찌개가 돼요. 라면사리를 추가하면 얼큰한 순두부 짬뽕으로 즐길 수 있어요.

입맛 따라 계절 따라 두 가지 맛
# 두부묵밥

따뜻하게 먹어도 좋고, 차갑게 식혀도 맛있는 두부 묵밥. 멸치 육수에 채소를 듬뿍 넣고 부드럽게 썰어낸 두부를 넣어 끓이면, 담백하고 속이 편안한 한 끼가 돼요. 식사로도, 안주로도 두루 잘 어울리는 메뉴예요.

### 재료

두부 1모, 물 7컵, 멸치 15마리(또는 멸치다시다 1/3큰술), 대파 1/2대, 애호박 1/3개, 알배추 4잎, 당근 1/3개, 청양고추 1개(선택), 신김치 2장, 참기름 1큰술, 통깨 1작은술, 다진 마늘 1큰술, 만능 양념간장(33쪽 참고)

### 만드는 순서

1. 두부는 묵처럼 길게 썰어 따로 준비해두어요. 대파는 어슷 썰고, 애호박, 알배추, 당근은 채 썰어요. 신김치는 물에 살짝 씻은 후 물기를 꼭 짜고 잘게 썰어요.
2. 냄비에 물과 멸치를 넣고 끓여 멸치 육수를 만든 뒤 멸치는 건져내요.
3. 육수에 썬 채소와 다진 마늘을 넣고 푹 끓여요. 채소가 익으면 두부를 넣고 한소끔 더 끓이고 불을 꺼요.
4. 참기름을 한 바퀴 두른 다음 통깨를 뿌리고 김치를 고명으로 올려요.
5. 만능 양념간장을 만들어 묵밥에 얹어 먹어요.

### 이모카세 tip

시원하게 먹고 싶다면 두부는 살짝 데쳐서 따로 두고 육수는 냉장 보관해요. 차가워진 육수에 두부를 넣고 김치와 양념장을 얹어 먹어도 별미예요. 김가루를 곁들여도 맛있어요.

## 간편 반찬

### 밥 한 그릇 뚝딱

돼지고기 김치찌개
콩나물무침
제육볶음

3 세트

묵은지 한 포기만 있어도 믿음직한 한 끼가 돼요.
돼지고기를 듬뿍 넣고 푹 끓이면 국물은 깊어지고 속은 뜨끈해지죠.
밥상 한가운데 올리면 다른 반찬은 굳이 필요 없어요.
이 찌개 하나면, 밥 한 공기는 순식간에 사라집니다.

잘 익은 묵은지와 고기의 만남
# 돼지고기 김치찌개

고소한 돼지고기와 잘 익은 묵은지, 시원한 해물 육수가 만나면 특별한 기술 없이도 깊은 맛이 나는 김치찌개가 완성돼요. 먼저 비계를 볶아 기름을 내고 김치를 볶아내는 방식은 고기의 고소함과 김치의 감칠맛을 한층 더 끌어올리는 중요한 포인트예요.

---

**재료**

앞다리살 600g, 묵은지 1/4포기, 대파 1대, 두부 1/2모, 청양고추 3개, 다진 마늘 1+1/2큰술, 고춧가루 2큰술, 후추 1/3큰술, 간장 1/2큰술, 물엿 1큰술, 미원 1꼬집(선택), 물(또는 해물 육수) 3컵, 참기름 1작은술

**만드는 순서**

1. 돼지고기 앞다리살은 살코기와 비계를 분리해서 잘라요. 살코기는 먹기 좋은 크기로 깍둑 썰고 묵은지는 4cm 길이로 잘라요. 대파는 어슷 썰고, 두부는 큼직하게 썰어요. 청양고추는 송송 썰어요.
2. 팬에 돼지 비계를 먼저 넣고 중불에서 볶다가 기름이 생기면 묵은지, 다진 마늘, 고춧가루, 후추, 간장, 물엿, 미원을 넣고 함께 볶아요.
3. 김치가 반쯤 익으면 돼지고기 살코기, 물, 대파, 청양고추를 넣고 한소끔 끓여요.
4. 거의 다 익었을 때 두부를 넣어요.
5. 마지막에 참기름을 한 바퀴 둘러 마무리해요.

> **이모카세 tip**
> 정육점에서 돼지 비계를 따로 요청하면 서비스로 주기도 해요. 묵은지를 비계 기름에 먼저 볶아야 깊은 감칠맛이 우러나요. 해물 육수는 시판 곰탕 육수나 멸치 무 육수로 대체해도 괜찮아요.

아삭 간편한 단골 반찬
# 콩나물무침

콩나물은 언제나 믿고 꺼낼 수 있는 밥상 위의 친구 같아요. 값도 착하고 손질도 간단한데, 간만 잘 맞추면 깊고 고소한 맛을 내줘요. 바쁠 땐 이보다 든든한 반찬이 없죠.

---

**재료**

콩나물 1봉(340g), 대파 1/2개(흰 부분, 초록 부분 같이 사용), 다진 마늘 1큰술, 참기름 1/2큰술, 들기름 1/2큰술, 검은깨 1큰술, 통깨 1큰술, 소금 1/3큰술(기호에 따라)

**만드는 순서**

1. 대파를 송송 썰어요.
2. 냄비에 콩나물을 넣고 잠길 정도로 물을 넣은 뒤, 뚜껑을 덮고 센 불에서 끓여요. 물이 끓기 시작한 후 2분이 지나면 콩나물을 살짝 뒤적이고 바로 건져 찬물에 헹궈요.
3. 물기를 털어낸 콩나물에 대파, 다진 마늘, 참기름과 들기름(참기름과 들기름 1:1 비율이 중요해요), 검은깨, 통깨를 넣고 골고루 버무려요.
4. 간을 보고 싱거우면 소금을 더해 간을 맞춰요.

> **이모카세 tip**
> 저는 콩나물을 삶을 때 넉넉하게 데쳐서 먹을 만큼만 무치고, 남은 것은 찬물에 잠기도록 담가 냉장고에 보관해요. 이렇게 하면 이틀 정도는 싱싱하게 유지돼요. 꺼내서 물기만 빼고 무치면, 금방 삶은 듯 아삭한 식감을 그대로 즐길 수 있어요.

입맛 없을 땐 언제나, 따끈한 밥 위에 한 순갈 올려 먹는 제육볶음만 한 게 없죠. 간을 슴슴하게 해서 상추에 싸서 쌈장을 곁들여 먹어도 맛있어요.

---

**재료**

돼지고기 앞다리살 600g, 양파 1개, 당근 1/2개, 대파 1대, 청양고추 3개(기호에 따라), 식용유 2큰술, 설탕 1/2큰술, 후추 1/3큰술, 간장 1/2큰술, 다진 마늘 1+1/2큰술, 물엿 1큰술, 고춧가루 3큰술, 고추장 1/2큰술, 참기름 2작은술, 소금 3꼬집

**만드는 순서**

1. 양파는 1cm 정도 두께로 채 썰고, 당근은 길게 반 자른 후 양파 크기에 맞춰 얇고 넓게 어슷 편 썰어요. 대파는 당근과 비슷한 크기로 어슷 썰고, 청양고추는 세로로 반 갈라 어슷 썰어요. 돼지고기는 8~9cm 길이로 두툼하게 썰어요.
2. 식용유를 두른 팬에 돼지고기를 넣고 불을 켜요.
3. 팬에 설탕, 후추, 간장, 다진 마늘, 물엿, 고춧가루, 고추장을 넣고 센 불에서 볶아요.
4. 고기가 반쯤 익으면 불을 줄이고 양파, 당근, 대파, 청양고추를 넣어 고기와 채소가 익을 때까지 볶아요.
5. 마지막에 참기름을 한 바퀴 두르고 소금으로 간을 맞춰요. 한 번 더 볶은 뒤 접시에 담아요.

> **이모카세 tip**
> 기름이 많이 생기는 삼겹살보다는 앞다리살이나 전지를 추천해요. 담백하고 구수한 맛이 살아 있고, 가격도 부담 없어서 자주 해먹기 좋아요. 고춧가루를 많이 넣으면 텁텁해질 수 있어요.

제철 재료는 자연이 주는 가장 귀한 선물이에요.

봄에는 향긋하게,
여름엔 시원하게,
가을엔 넉넉하게,
겨울엔 든든하게.

손이 가는 대로 볶고 데치기만 해도
충분히 맛있는 계절 밥상이 차려져요.

Chapter 3

# 재료 비결

계절별 재료로 맛있게 즐기는
제철 밥상

# 봄 채소 요리

콩가루 부추찜

머윗대 나물볶음

마늘종 새우볶음

냉이된장찌개

콩가루 쑥국

입맛 살리는 향긋한 한 접시
# 콩가루 부추찜

입맛이 떨어질 때 만들면 개운하게 즐길 수 있는 반찬이에요. 부추의 향긋함에 콩가루의 고소함이 더해지면 한 접시로도 속이 편안해지는 밥상이 완성돼요.

---

재료

부추 120g, 생콩가루 3큰술, 만능 양념간장(33쪽 참고) 2큰술, 통깨 1큰술

만드는 순서

1. 부추는 깨끗하게 씻고 물기를 털어 5cm 길이로 썰어요.
2. 썬 부추에 물기가 거의 없도록 제거한 뒤, 콩가루를 넣고 고루 무쳐요. (물기가 아주 약간 남아 콩가루가 붙을 정도면 적당해요.)
3. 찜기에 물을 끓이고 면보를 깐 뒤 부추를 펼쳐 올려요. 위에 면보를 덮고 뚜껑을 닫아 중불에서 5분 정도 쪄요.
4. 새파랗게 색이 올라오면 불을 끄고 채반에 펼쳐 한 김 식혀요.
5. 부추를 만능 양념간장과 섞어 조물조물 무쳐요. 싱거우면 소금으로 간을 맞추고 접시에 담아 통깨를 뿌려요.

---

**이모카세 tip**
부추의 물기를 잘 제거해야 콩가루가 뭉치지 않고 골고루 묻어요.

손질의 수고를 잊게 만드는
# 머윗대 나물볶음

쌉싸름하고 부드러운 머윗대를 들기름과 들깨향 가득하게 볶아내면 봄 밥상에 딱 어울리는 나물 반찬이 돼요. 손질만 잘하면 누구나 쉽게 만들 수 있는 건강한 봄철 밑반찬이에요.

### 재료

머윗대 5줄기(230g), 소금 1큰술(삶을 때 사용)+1/2큰술, 대파 1/4대, 식용유 약간, 다진 마늘 1/2큰술, 들깻가루 5큰술, 물 1컵, 들기름 2큰술

### 만드는 순서

1. ①머윗대는 보랏빛 도는 끝부분과 이파리를 잘라내요. ②끓는 물에 머윗대와 소금 1큰술을 넣고 5~7분간 삶은 뒤 찬물에 10분 정도 담가 쓴맛을 제거해요. ③물기를 제거하고 겉껍질을 벗겨내요. ④5cm 길이로 썰어요. 대파는 송송 썰어요.
2. 팬을 예열한 뒤 식용유를 약간 두르고 머윗대, 다진 마늘, 대파를 넣고 볶아요. (머윗대는 이미 삶아서 마늘이 익을 정도만 살짝 볶으면 돼요.)
3. 들깻가루를 물과 섞은 뒤 팬에 넣고 자박하게 졸이듯 볶아요.
4. 소금 1/2큰술을 넣고 물이 줄어들 때까지 볶아요.
5. 불을 끄고 들기름을 한 바퀴 둘러 한번 섞은 다음 접시에 담아요.

> **이모카세 tip**
> 머윗대는 쓴맛을 빼기 위해 꼭 삶은 뒤 찬물에 충분히 담가두세요.

씹을수록 고소한 봄의 맛

# 마늘종 새우볶음

고소한 마른새우와 아삭한 마늘종이 잘 어우러진 밑반찬이에요. 간단하게 만들어두면 밥반찬으로 든든하고 입맛도 살려줘요.

---

**재료**

마늘종 150g, 마른새우 2컵, 식용유 1큰술+1큰술(파기름 낼 때 추가), 소금 1꼬집, 다진 마늘 1큰술, 대파 1/2대, 물 1/2컵, 간장 1/2큰술, 물엿 1+1/2큰술, 참기름 1큰술, 통깨 1작은술

**만드는 순서**

1. 마늘종은 4cm 길이로 썰고, 대파는 송송 썰어요.
2. 팬에 식용유 1큰술을 두르고 불을 올려요.
3. 팬이 달궈지면 마늘종과 소금을 넣고 마늘종이 새파래질 때까지만 볶아요. 마늘종은 쟁반에 따로 빼서 열을 한 김 식혀요.
4. 팬에 식용유를 1큰술 두르고 다진 마늘, 대파를 넣고 볶아서 파기름을 내요.
5. 물을 넣고 끓으면 간장을 넣어요.
6. 새우를 넣고 수분이 날아갈 때까지 볶아요.
7. 불을 끄고 식힌 마늘종과 물엿, 통깨, 참기름을 넣고 잔열로 골고루 섞으면 완성이에요.

> **이모카세 tip**
> 마늘종은 너무 오래 볶으면 누래지니 색이 선명할 때 불을 꺼야 해요.

그리운 흙내음이 담긴

# 냉이 된장찌개

향긋한 냉이를 듬뿍 넣은 봄철 된장찌개예요. 어릴 적 엄마와 함께 들판에 쪼그리고 앉아 냉이를 캐던 기억, 손끝에 흙내음이 배어 있던 그때의 추억이 떠오르곤 해요. 요즘은 들에서 냉이를 쉽게 볼 수 없어 더 아쉽고 그리운 맛이에요.

### 재료

냉이 1줌, 애호박 1/4개, 두부 1/2모, 물 4컵, 된장 2큰술, 다진 마늘 1큰술, 청양고추 1개, 대파 1/4대, 고춧가루 1/2큰술, 육수용 멸치 5마리(또는 멸치다시다 1작은술), 소금 1작은술

### 만드는 순서

1. ①냉이는 마른 잎을 제거해요. ②뿌리에 남은 흙을 칼로 살살 긁어내요. 흐르는 물에 씻어 먹기 좋게 썰어요. ③뿌리가 굵은 것은 세로로 반을 갈라요. 애호박과 두부는 깍둑 썰기하고, 대파와 청양고추는 어슷 썰어요.
2. 냄비에 물 4컵을 붓고 된장을 풀어요. 된장이 풀어지면 애호박, 다진 마늘, 청양고추, 대파, 고춧가루를 넣고 끓여요.
3. 애호박이 익으면 두부와 냉이, 멸치를 넣고 한소끔 끓여요. (멸치는 건져내도 되고 넣어서 같이 먹어도 돼요.)
4. 마지막으로 간을 보고 싱거우면 소금으로 간을 맞춰요.

### 이모카세 tip

냉이는 오래 끓이지 말고 마지막에 넣어 짧게 끓여야 향이 살아 있어요. 냉이는 너무 억센 줄기일 경우 세로로 반을 가르면 식감이 부드러워져요. 멸치 대신 멸치다시다를 사용할 경우 된장 간이 있으니 간을 보면서 조절해서 넣으면 좋아요.

쑥향 솔솔, 속이 따뜻해지는 계절국
# 콩가루 쑥국

봄 향기 가득한 쑥에 고소한 콩가루를 더한 따뜻한 국이에요. 부드럽고 담백해서 속 편한 한 끼로도 잘 어울려요.

---

### 재료

쑥 150g, 식초물(물 1L + 식초 1큰술), 날콩가루 4큰술, 멸치 육수(물 8컵+멸치 10마리), 된장 1큰술, 다진 마늘 1/2큰술, 대파 1/2대, 홍고추 1개(선택)

### 만드는 순서

1. 쑥을 식초물에 담가 살살 흔들어 씻고, 서너 번 헹군 후 물기를 털어요. 대파와 홍고추는 어슷하게 썰어 준비해요.
2. 물기를 털어낸 쑥에 날콩가루를 조금씩 나눠 뿌리며 살살 섞어 쑥 줄기 가닥가닥에 골고루 묻혀요.
3. 물에 멸치를 넣어 육수를 끓이고 된장을 체에 걸러 풀어 넣어요. 국물이 끓으면 다진 마늘과 대파, 홍고추를 넣어요.
4. 불을 약불로 줄이고 콩가루 묻힌 쑥을 휘젓지 않고 조심히 넣어요. 콩가루가 떨어지지 않도록 살살 눌러가며 은은한 불에서 익혀요. (휘젓지 않고 끓이면 쑥과 콩가루가 순두부처럼 엉겨 식감이 부드러워요. 센 불에서 끓이면 콩가루가 넘치기 쉬우니 반드시 약불에서 조리해야 해요.)
5. 쑥이 노르스름해지면 다 익은 거예요. 불을 끄고 그릇에 담아내요. (쑥은 오래 끓이면 향이 날아가니 살짝만 끓이는 것이 좋아요.)

---

**이모카세 tip**

볶지 않은 날콩가루를 사용해야 국물이 고소해요. 멸치가 없을 경우 물에 멸치다시다 1큰술을 넣어 간단히 끓여도 돼요.

# 봄 해산물 요리

갑오징어볶음

톳두부무침

멍게무침

양념까지 남김없이 비벼 먹는
# 갑오징어볶음

쫄깃한 갑오징어에 칼칼한 양념을 더해 볶아내면 입맛 확 살아나는 밥도둑 반찬이 완성돼요. 야채와 함께 볶아내면 식감도 풍성하고 색감도 먹음직스러워요.

---

### 재료

갑오징어 1마리, 양파 1/2개, 당근 1/3개, 대파 1대, 청양고추 2개, 양배추 1/8개, 식용유 3큰술, 다진 마늘 1큰술, 설탕 1/2큰술, 물엿 2큰술, 간장 1큰술, 고춧가루 3큰술, 고추장 1/2큰술, 후추 1/2큰술, 참기름 2큰술, 통깨 1큰술

### 만드는 순서

1. 갑오징어는 굵은소금을 손가락에 묻혀 문질러가며 껍질을 벗겨요.
2. 갑오징어에 사선으로 칼집을 내요.
3. 끓는 물에 갑오징어를 넣고 5초 정도 데친 뒤 하얗게 되면 바로 꺼내어 채반에 밭쳐요. 세로로 길게 자른 다음 5cm 길이로 썰어요. 양파, 당근, 양배추는 같은 길이로 어슷 썰고, 청양고추는 송송 썰어요.
4. 팬에 식용유를 두르고 양파, 당근, 대파, 청양고추, 양배추를 넣고 센 불에서 살짝 볶아요. 다진 마늘, 설탕, 물엿, 간장, 고춧가루, 고추장, 후추를 넣고 양념이 잘 섞이도록 볶아요.
5. 야채가 거의 익으면 갑오징어를 넣고 빠르게 볶아요. (오래 볶으면 질겨져요.)
6. 갑오징어가 양념과 잘 섞이면 참기름을 두르고 통깨를 뿌린 다음 불을 꺼요.

---

**이모카세 tip**

오징어에 칼집을 넣으면 양념이 잘 배고 식감도 부드러워요. 양념은 미리 섞어둬도 좋아요. 볶는 시간이 줄어들어요.

## 바다 향 머금은
# 톳두부무침

향긋한 톳을 고소하게 무쳐낸 반찬이에요. 식이섬유와 미네랄이 풍부해 입맛도 살리고 건강도 챙길 수 있어요.

---

**재료**

톳 120g, 쪽파 2대, 두부 1/2모, 다진 마늘 1/2큰술, 참기름 1큰술, 소금 1/2작은술, 통깨 1작은술

**만드는 순서**

1. 톳은 깨끗이 여러 번 씻은 뒤 끓는 물에 넣고 초록빛이 돌면 바로 꺼내요.
2. 흐르는 물에 헹궈 물기를 뺀 뒤 듬성듬성 썰어요. 쪽파는 송송 썰어요.
3. 두부는 물기를 제거하고 으깨요.
4. 볼에 두부와 톳, 다진 마늘, 쪽파, 참기름을 넣어 버무리고 소금으로 간을 해요.
5. 통깨를 솔솔 뿌리면 완성이에요.

---

**이모카세 tip**

톳은 너무 오래 데치면 질겨져요. 초록빛이 돌기 시작할 때 바로 건져주세요. 두부는 물기를 최대한 제거해 으깨야 물기 없이 고슬고슬하게 무쳐져요.

취향껏 덮밥으로, 쌈으로
# 멍게무침

신선한 채소와 담백한 양념으로 버무린 멍게무침은 씹을수록 바다 내음이 퍼지면서 상큼한 맛이 더해져요. 입맛을 돋우는 반찬으로 손색이 없죠.

**재료**

멍게 5개, 청양고추 2개, 대파 1/5대, 고춧가루 1큰술, 다진 마늘 1/2큰술, 물엿 1큰술, 간장 1/2큰술, 참기름 1큰술, 통깨 1큰술

**만드는 순서**

1  멍게는 손질된 것을 사면 편해요. 활멍게를 사용할 경우 ①돌기 같은 까만 부분은 가위로 잘라내고 ②껍질과 속살을 분리해내요. ③살 안쪽에 붙어 있는 검은 막이나 내장 찌꺼기는 칼로 살살 긁어내요. 물에 헹구고 물기를 최대한 제거한 후 먹기 좋은 크기로 썰어요. 청양고추와 대파는 송송 썰어요.

2  볼에 고춧가루, 다진 마늘, 물엿, 간장, 청양고추, 대파(또는 쪽파)를 넣고 무쳐요.

3  무친 양념에 멍게를 넣어 한 번 더 무쳐요.

4  먹기 직전에 참기름을 둘러주고, 으깬 통깨를 뿌려 마무리해요.

**이모카세 tip**

멍게는 물기를 최대한 빼야 양념이 잘 배고 비린 맛이 덜해요. 달래를 같이 넣어도 맛있어요. 밥 위에 멍게를 올려서 김에 간단히 싸먹거나 김밥에 넣어 먹어도 맛있어요. 양배추나 봄나물 등 집에 있는 채소와 곁들여 비빔밥이나 덮밥으로 먹어도 별미예요.

# 봄 김치

쪽파김치

돌나물 물김치

한입에 봄이 퍼지는
# 쪽파김치

쪽파 특유의 매콤하고 시원한 맛이 살아 있는 봄철 김치예요. 절이지 않고 바로 양념에 버무려 담기 때문에 손쉽게 만들 수 있어요.

---

**재료**

쪽파 500g, 멸치액젓 5큰술, 고춧가루 6큰술, 다진 마늘 1큰술, 밀가루풀 2컵(물 2컵 + 밀가루 2큰술), 물엿 2큰술

**만드는 순서**

*1* 쪽파는 흙을 제거하고 깨끗이 씻은 뒤 체에 밭쳐 물기를 빼요.

*2* 물 2컵에 밀가루 2큰술을 넣고 끓이며 밀가루가 녹을 때까지 거품기로 저어서 밀가루풀을 만들어요. (물과 밀가루 비율은 1컵:1큰술 비율로 맞춰요.)

*3* 멸치액젓, 고춧가루, 다진 마늘, 밀가루풀, 물엿을 볼에 넣고 잘 섞어 양념을 만들어요.

*4* 물기가 빠진 쪽파를 양념과 골고루 버무려요.

*5* 쪽파를 한 줌씩 돌돌 말아 김치통에 차곡차곡 담아요. 바로 먹어도 좋고 하루 정도 실온에 두었다가 냉장 보관하면 맛이 더 깊어져요.

> **이모카세 tip**
> 쪽파는 소금에 절이지 않아야 특유의 칼칼하고 시원한 맛이 살아나요. 밀가루풀은 김치 양념의 농도를 잡아줘요. 밀가루풀이 없으면 찹쌀풀을 넣거나, 밥을 갈아서 사용해도 돼요. 너무 많이 넣으면 묽어지니 1컵~1컵 반 정도만 넣는 게 좋아요.

새콤달콤 입맛 없을 때 딱

# 돌나물 물김치

돌나물의 풋풋한 식감과 김칫국물의 감칠맛이 어우러져 입맛을 돋워주는 물김치예요. 숙성 없이 바로 먹어도 시원하고 새콤해서 봄철 반찬으로 딱 좋아요.

**재료**

돌나물 300g, 양파 1/2개, 청양고추 2개, 홍고추 1개, 물 10컵, 밀가루풀 2컵, 다진 마늘 1+1/2큰술, 고춧가루 3큰술, 소금 2큰술, 대파 1/2대

**만드는 순서**

1. 돌나물은 흐르는 물에 가볍게 헹군 뒤 체에 밭쳐 물기를 빼요.
2. 양파는 채 썰고, 청양고추와 홍고추는 송송 썰어요.
3. 김치통에 물과 다진 마늘, 밀가루풀을 넣어요.
4. 고춧가루를 체에 곱게 걸러 환타 음료처럼 주황빛이 돌 때까지 넣어요. 이때 소금으로 간을 맞춰요.
5. 양파, 고추, 돌나물을 국물에 넣고 김치통을 닫아 냉장고에 넣었다 먹어요.

**이모카세 tip**

돌나물 물김치는 숙성 없이 바로 먹어도 맛있고, 하루 정도 지나면 맛이 더 깊어져요. 만약 김장김치가 있다면 국물을 따로 만들 필요 없이 김칫국물을 체에 걸러 돌나물과 채소를 넣어 간단하고 맛있게 먹을 수 있어요.

# 봄맛이 제철 술상

## 향긋한 봄나물 상

두릅전  미나리무침

봄이 되면 잊고 지냈던 입맛도 되살아나고
오랜만에 마주 앉은 술상에도 계절의 향기가 묻어나요.
향긋한 봄나물은 바로 이 계절에 더 맛있게 누릴 수 있는
봄의 선물이에요.

노릇하게 부쳐낸 봄철 별미
# 두릅전

봄철에만 맛볼 수 있는 향긋한 두릅은 전으로 부쳐 먹으면 씹을수록 고소하고 담백해요. 얇게 묻힌 밀가루 반죽으로 두릅의 쌉싸름한 맛과 향을 그대로 살려낸 봄 제철 별미랍니다.

---

재료

두릅 18개(140g), 밀가루 100g, 물 1+1/2컵, 소금 1꼬집, 식용유 3큰술, 만능 양념간장(33쪽 참고)

만드는 순서

1  두릅은 뿌리 쪽을 잘라내고 줄기의 잔가시를 칼로 제거해요.

2  밀가루에 소금을 넣고 물을 부어 주르륵 흐를 정도의 묽은 반죽을 만들어요. 두릅을 반죽에 담갔다 꺼내 밀가루가 얇게 묻도록 해요.

3  예열한 팬에 식용유를 두르고 중불에서 노릇하게 두릅을 부쳐요. 한쪽이 익으면 뒤집어서 반대쪽도 익혀요. (꼬치에 끼워 부치면 모양도 예쁘고 먹기도 편해요.)

4  만능 양념간장에 두릅전을 찍어 먹어요.

> **이모카세 tip**
> 
> 두릅은 꼭 비싼 것이 아니어도 괜찮아요. 크기가 다소 달라도 무침이나 전으로 만들면 큰 차이가 없어요. 부침가루나 튀김가루는 재료 본연의 맛을 해칠 수 있어서 저는 밀가루를 사용해요. 밀가루에 소금만 살짝 넣어 접착제 역할만 하도록 부쳐내면 두릅의 향이 확 살아나요.

제철이라 더 맛있는
# 미나리무침

봄철 연한 미나리는 살짝만 데쳐서 아삭하게 무치면 담백한 맛과 향긋한 풍미가 살아나요. 굳이 복잡한 양념 없이도, 고소하게 무쳐내면 제철 식재료만이 줄 수 있는 맛을 그대로 느낄 수 있죠. 하얗고 단정한 그 맛은 입맛을 확 돋워주는 봄 밥상의 별미예요.

---

**재료**

미나리 200g, 식초물(물 1L+식초 1큰술), 대파 1대, 다진 마늘 1/2큰술, 참기름 2큰술, 물엿 1/2큰술, 소금 1/4큰술, 통깨 2큰술

**만드는 순서**

1. 미나리는 식초물에 잠시 담갔다가 깨끗하게 여러 번 헹궈요. 대파는 송송 썰어요.
2. 씻은 미나리를 끓는 물에 살짝 데친 뒤 바로 찬물에 헹궈서 물기를 꼭 짜줘요.
3. 데친 미나리는 4cm 길이로 먹기 좋게 잘라요.
4. 볼에 다진 마늘, 참기름, 물엿, 소금, 대파, 통깨를 넣고 미나리를 넣은 뒤 조물조물 가볍게 무쳐요. (새콤한 맛을 원하면 식초를 추가해서 먹어도 맛있어요.)

> **이모카세 tip**
>
> 물엿을 아주 약간 넣으면 미나리의 쌉싸름한 맛을 부드럽게 잡아줘요. 미나리의 향을 즐기기 위해 양념은 자극적이지 않게 최소한으로 하는 게 좋아요. 데치는 시간은 10초 이내로 짧게 해야 향과 식감이 살아 있어요. 식초물에 담그면 흙냄새도 제거하고 깨끗하게 세척할 수 있어요. 찬물에 여러 번 헹구는 것도 잊지 마세요.

여름

# 여름 채소 요리

꽈리고추찜

감자전

얼큰 감자조림

가지구이

오이미역냉국

반건조오징어 꽈리고추볶음

알싸한 꽈리고추의 색다른 변신

# 꽈리고추찜

매콤한 꽈리고추를 쪄내고 간장 양념에 버무리면, 부드럽고 알싸한 입맛 돋우는 반찬이 완성돼요. 입맛 없을 때, 밥에 척 얹어 먹으면 금세 한 그릇을 비우게 될 거예요.

---

**재료**

꽈리고추(또는 청양고추) 120g, 콩가루 5큰술, 만능 양념간장(33쪽 참고) 2큰술, 참기름 1큰술, 통깨 1큰술

**만드는 순서**

1. 꽈리고추는 깨끗이 씻고 꼭지를 따요.
2. 물기 있는 상태에서 꽈리고추를 위생팩에 담고 콩가루를 넣어 흔들어 골고루 묻혀요.
3. 꽈리고추를 찜기에 넣고 쪄요.
4. 콩가루가 익어 투명해지면 쟁반에 펼쳐 식혀요.
5. 식힌 꽈리고추에 만능 양념간장과 통깨를 넣고 버무려 참기름을 한 바퀴 두르면 완성이에요.

---

**이모카세 tip**

나무수저나 젓가락으로 살살 버무려야 꽈리고추찜이 부서지지 않아요. 간을 세게 해서 드시는 분들은 만능 양념간장을 조금 더 넣으셔도 좋아요.

바삭하게 갓 부쳐낸 그 맛
# 감자전

강판에 곱게 간 감자로 바삭하게 부쳐내는 감자전이에요. 단출하지만 감자의 순수한 맛이 살아 있어 곁들이 반찬이나 간식으로도 딱이에요.

---

### 재료
감자 3개, 소금 1꼬집, 밀가루 1큰술, 식용유 3~4큰술(넉넉히)

### 초간장 재료
간장 2큰술, 식초 1/2큰술, 고춧가루 1/2큰술, 통깨 1/2큰술

### 만드는 순서

1. 감자는 껍질을 벗기고 강판에 곱게 갈아요. 감자의 결이 살아 있어 씹는 맛이 좋아요.
2. 갈아낸 감자에 소금과 밀가루를 넣고 가볍게 섞어요. (밀가루는 많이 넣지 않고 최소한으로, 감자의 점성만 살리는 정도로 넣어요.)
3. 중불로 달군 팬에 식용유를 넉넉히 두르고 감자 반죽을 한 숟가락씩 떠서 올려요.
4. 반죽이 지글지글 소리를 내며 퍼지고 가장자리가 노릇해지면 뒤집어요.
5. 반대쪽도 1~2분간 바삭하게 구운 뒤 접시에 담아요. 뒤집은 후에 살짝 눌러주면 더 바삭해져요. 초간장을 곁들여 먹어요.

> **이모카세 tip**
> 감자는 믹서보다 꼭 강판에 갈아 보세요. 결이 살아 있어 감자 본연의 맛이 잘 느껴져요. 반죽을 작게 떼서 부치면 부서지지 않아 뒤집기 쉽고 바삭한 식감이 살아나요.

엄마 손맛 그대로
# 얼큰 감자조림

자꾸 손이 가는 매콤달콤 감자조림이에요. 은근하게 졸여낸 매운 양념이 감자에 촉촉하게 배어 밥반찬으로 최고예요. 어릴 적 엄마는 두부조림하듯 얼큰하게 감자조림을 해주셨는데, 그 맛이 잊히지 않아 어른이 된 후에도 자주 해먹곤 해요.

---

재료

감자 4개(약 400g), 대파 1대, 청양고추 3개, 식용유 3큰술, 고춧가루 2+1/2큰술, 고추장 1/2큰술, 간장 1+1/2큰술, 다진 마늘 1큰술, 물엿 1큰술, 물 2컵, 참기름 1큰술, 통깨 1꼬집

만드는 순서

1. 감자는 껍질을 벗기고 0.5~1cm 두께로 반달 모양으로 썰어요. 청양고추와 대파는 어슷 썰어요.
2. 팬에 식용유를 두르고 고춧가루, 고추장, 간장, 다진 마늘, 물엿을 넣어요.
3. 감자를 넣은 뒤 양념이 코팅될 때까지 볶다가 물, 대파, 청양고추를 넣고 섞은 다음 뚜껑을 덮고 중약불에서 조려요.
4. 국물이 졸아들고 감자가 익으면 불을 약하게 줄이고 참기름을 한 바퀴 두르고 통깨를 뿌려 마무리해요.

**이모카세 tip**

양념은 미리 한 번에 섞어 간편하게 넣는 게 팁이에요. 청양고추가 너무 맵게 느껴진다면 넣지 않거나 개수를 조절해도 좋아요. 집에 참치나 다짐육, 어묵이 있다면 넣고 조려도 맛있어요.

편식쟁이도 맛보면 반하는
# 가지구이

물컹한 식감 때문에 가지를 꺼렸던 분도 반할 수 있는 가지구이예요. 여름철 잘 익은 가지 하나만으로도 고소하고 깊은 맛이 살아나요. 반찬으로도, 덮밥으로도 훌륭한 메뉴랍니다.

---

[재료]

가지 2개, 식용유 2큰술, 만능 양념간장(33쪽 참고)

[만드는 순서]

1. 가지는 길게 반으로 자른 뒤 3등분 하고, 단면에 어슷하게 마름모꼴 칼집을 넣어요. (칼집 사이로 가지에서 물이 나오면서 양념이 배어요.)

2. 팬에 식용유를 두르고 달군 후, 가지는 껍질 쪽을 먼저 팬에 올려 센 불에 구워요. (자른 면부터 익히면 가지의 물이 많이 빠지고, 기름을 흡수해서 눅눅해져요.)

3. 한쪽 면이 갈색빛이 돌면 뒤집고, 단면이 부풀었다가 줄어들 때까지 익혀요. 가지에서 물이 자박하게 생기면 그대로 두고 자른 면도 갈색 빛이 돌 때까지 익혀요.

4. 접시에 구운 가지를 담고, 만능 양념간장을 넉넉히 얹어요. 양념간장 속 대파를 건져서 올리면 식감이 좋아요. 마지막에 참기름을 한 바퀴 두르고 통깨를 뿌려 마무리해요.

> **이모카세 tip**
> 가지에 칼집을 넣으면 속까지 양념이 잘 스며들고 촉촉해져요. 가지는 밥에 얹어 덮밥처럼 비벼 먹어도 좋아요.

더위에 지친 몸을 깨우는 한 사발
# 오이미역냉국

여름 입맛이 없을 때 톡 쏘는 식초 향과 아삭한 오이, 부드러운 미역이 어우러진 냉국 한 그릇이면 속이 시원하게 풀려요. 얼음 없이도 냉장고에 차게 뒀다가 꺼내 먹으면 감칠맛이 살아나요.

### 재료

미역 1컵(불리기 전), 양파 1/2개, 오이 1개, 쪽파 2대, 청양고추 1개, 홍고추 1개, 물 8컵, 다진 마늘 1큰술, 소금 1+1/2큰술, 통깨 2큰술, 참기름 1+1/2큰술, 식초 3큰술 (선택)

### 만드는 순서

1. 미역은 찬물에 5분 정도 불려 헹군 뒤 물기를 꼭 짜요. 큰 미역은 잘게 잘라요. 양파는 얇게 채 썰어요.
2. 오이는 껍질째 길게 반 자른 후 넓게 어슷 편 썰고, 청양고추와 홍고추는 씨를 빼고 송송 썰어요. 쪽파는 송송 썰어요.
3. 큰 볼에 물을 붓고 다진 마늘, 소금, 통깨, 참기름, 식초를 넣어요. (단맛이 강한 것을 원하면 설탕을 추가해요.)
4. 오이와 양파, 미역, 청양고추, 홍고추, 쪽파를 넣고 가볍게 섞어요. 냉장고에 차게 보관해 먹어요.

> **이모카세 tip**
> 오이는 껍질을 벗기지 않아야 아삭한 식감이 살아 있어요. 껍질을 벗기면 식초에 닿아 물러질 수 있어요. 얼음은 넣지 말고 냉장고에 차게 뒀다가 살얼음이 얼었을 때 먹으면 맛있어요. 얼음을 넣으면 싱거워져요.

입에 착 붙는 히든 반찬

# 반건조오징어 꽈리고추볶음

쫄깃한 반건조오징어와 파랗게 볶은 꽈리고추의 조합은 그야말로 밥도둑이에요. 간장으로 담백하게, 고추장으로 칼칼하게 입맛 따라 골라 즐기는 양념이 매력적인 반찬이에요.

---

재료

반건조오징어 1마리, 꽈리고추 70g, 대파 1/4대, 식용유 약간, 소금 1꼬집, 다진 마늘 1/2큰술, 진간장 1큰술, 물엿 1+1/2큰술, 참기름 1큰술, 통깨 1큰술

만드는 순서

1. 반건조오징어는 5cm 정도 길이로 먹기 좋게 잘라요. 대파는 어슷 썰어요.
2. 꽈리고추는 씻어서 오징어 길이에 맞춰 어슷 썰어요.
3. 팬에 식용유를 두르고 꽈리고추, 소금을 넣고 볶아요. 색이 파랗게 살아날 때 불을 끄고 꽈리고추를 꺼내 한 김 식혀요.
4. 팬에 다진 마늘, 대파를 넣고 볶아 파기름을 내고 간장을 추가로 넣어 볶아요.
5. 향이 올라오면 오징어를 넣고 양념이 배도록 볶고 불을 꺼요.
6. 꽈리고추와 물엿을 넣고 버무린 다음 참기름을 한 바퀴 둘러요. 마지막에 통깨를 뿌려 마무리해요.

**이모카세 tip**

반건조오징어와 꽈리고추는 무조건 따로 볶아야 꽈리고추 색이 새파랗게 유지돼서 보기에도 좋아요. 물엿은 반드시 불을 끄고 넣어야 딱딱해지지 않아요. 간장 베이스는 담백하고, 고추장 1큰술을 넣으면 칼칼하게 즐길 수 있어요. 꽈리고추 대신 청양고추를 넣어도 좋아요. 매운맛을 좋아한다면 추천해요.

# 여름 해산물 요리

감자 갈치 조림

문어죽

문어초무침

칼칼한 양념으로 밥 한 그릇 뚝딱
# 감자 갈치조림

무와 감자, 갈치가 양념에 푹 배어 밥을 부르는 조림이에요. 칼칼한 양념에 포슬한 감자와 부드러운 갈치살이 어우러져, 국물 한 숟갈까지 아까울 정도로 맛있어요.

### 재료
갈치 2마리(7~8토막), 무 1/3개, 감자 2개, 양파 1개, 대파 1대, 청양고추 2개, 홍고추 1개, 물 3컵, 참기름 1큰술

### 양념 재료
간장 2컵, 고춧가루 6큰술, 고추장 1큰술, 된장 1/2큰술, 다진 마늘 3큰술, 다진 생강 1/2개, 소주 2큰술, 물엿 3큰술, 후추 2큰술

### 만드는 순서
1. 갈치는 지느러미를 가위로 자르고 비늘과 은분을 칼로 긁어 제거해요. 쌀뜨물에 10분 정도 담가두면 비린내를 잡을 수 있어요.
2. 무와 감자는 1.5~2cm 두께로 큼직하게 썰고, 양파는 채 썰고, 대파와 청양고추는 어슷 썰어요.
3. 냄비 바닥에 무를 깔고 그 위에 감자, 갈치, 양파, 고추, 대파를 순서대로 올려요.
4. 분량의 양념 재료를 모두 섞어 냄비에 넣고 물을 부어요.
5. 센 불에 끓이다가 팔팔 끓으면 약불로 줄이고 뚜껑을 덮은 채 조려요. 중간중간 국물을 끼얹으며 갈치를 건드리지 않고 졸여요. (갈치를 건드리면 부서져요.)
6. 감자와 무가 푹 익으면 마지막에 참기름 한 바퀴 둘러 마무리해요.

> **이모카세 tip**
> 국물이 자작하게 졸았을 때가 가장 맛있어요. 밥에 비벼 먹기 좋아요.

속을 달래주는 바다 보양식
# 문어죽

쫄깃한 문어와 고소한 찹쌀이 어우러진 영양 가득한 죽이에요. 문어의 감칠맛이 국물에 우러나 따뜻한 한 그릇으로 속을 든든하게 채울 수 있어요.

---

**재료**

문어 200g, 굵은 소금 2큰술, 소주 1/2큰술, 애호박 1/6개, 표고버섯 1개, 당근 1/4개, 파프리카 빨강·노랑 각각 1/4개, 대파 1/5대, 문어 삶은 물 3컵, 찹쌀밥 2공기, 다진 마늘 1/2큰술, 소금 1/2큰술, 참기름 2큰술

**만드는 순서**

1  ①문어는 머리 내장을 제거한 뒤 ②소금으로 문질러 뻘과 이물질을 제거해요. ③물과 소주를 넣은 냄비에 문어를 넣고 다리가 흐물흐물해져서 뚝뚝 끊어질 때까지 푹 삶아요. ④건져내서 잘게 다져요.

2  문어 삶은 물은 버리지 말고 따로 두어요.

3  애호박, 표고버섯, 당근, 파프리카, 대파(또는 쪽파)는 잘게 썰어요.

4  냄비에 문어 삶은 물과 다진 문어, 앞에서 준비한 채소를 넣고 끓여요. 다진 마늘을 넣고, 소금으로 간을 맞춰가며 중약불에서 은근히 끓여요.

5  끓기 시작하면 찹쌀밥을 넣어요. (싱거우면 소금을 더 넣어가며 간을 조절해요.)

6  채소가 다 익으면 불을 끄고 참기름을 둘러요.

---

**이모카세 tip**

흑임자를 손으로 으깨서 죽 위에 뿌리면 풍미가 훨씬 깊어져요. 찹쌀은 불리지 않고 전기밥솥 백미 취사로 밥을 지어 먹으면 간단하고 좋아요. 삶을 때 소주를 넣으면 비린내를 잡을 수 있어요.

술안주로도, 밥반찬으로도 손색없는 별미
# 문어 초무침

탱글탱글한 문어와 새콤달콤하고 매콤한 양념이 어우러져 입맛을 확 돋워주는 여름 별미예요. 밥반찬은 물론, 소면이나 쫄면과 곁들여도 맛있고, 가벼운 술안주로도 손색없어요.

**재료**

문어 400g, 굵은 소금 2큰술, 물 1L, 소주 1/2컵, 오이 1개, 당근 1/2개, 대파 1/2대, 청양고추 3개, 고추장 1큰술, 고춧가루 5큰술, 다진 마늘 1큰술, 식초 3큰술, 물엿 2큰술, 간장 2큰술, 설탕 1큰술, 초고추장 1큰술, 참기름 1큰술, 통깨 1큰술

**만드는 순서**

1. 문어는 머리 내장을 제거한 뒤 굵은 소금으로 문질러 뻘과 이물질을 제거해요. 물과 소주를 넣은 냄비에 문어를 넣고 다리가 말릴 정도로 삶아요. 건져내서 먹기 좋은 크기로 썰어요.
2. 오이와 당근은 얇고 넓게 어슷 편 썰어요. 대파와 청양고추는 길게 반 자른 다음 어슷 썰어요.
3. 볼에 고추장, 고춧가루, 다진 마늘, 식초, 물엿, 대파, 간장, 설탕, 초고추장을 넣고 양념장을 만들어요. 싱거우면 간장으로 간을 맞춰요.
4. 데친 문어와 오이, 당근, 고추를 양념장에 넣고 조물조물 버무린 후 참기름 한 바퀴 두르고 통깨 뿌리면 완성이에요.

> **이모카세 tip**
> 집에 오징어나 북어채가 있다면 함께 넣어도 맛있어요. 무침에 소면이나 쫄면, 우동면을 넣어 비빔면으로 먹거나, 밥 위에 올려 덮밥으로 먹어도 맛있어요.

# 여름 김치

오이소박이

얼갈이 열무 물김치

김치 초보도 도전할 수 있는
# 오이소박이

아삭한 식감과 매콤한 김칫소가 어우러진 오이소박이는 여름 밥상에서 빠질 수 없는 별미예요. 국물 없이 바로 집어먹기 좋은 김치라 더운 날 입맛 없을 때 특히 생각나죠.

### 재료

오이 5개, 굵은 소금 2컵, 물 6L, 부추 170g, 대파 1대, 양파 1/2개, 밀가루풀 1컵, 고춧가루 5큰술, 다진 마늘 1큰술, 멸치액젓 5큰술, 물엿 4큰술, 소금 1큰술

### 만드는 순서

1. 오이는 깨끗이 씻은 뒤 양쪽 끝을 자르고, 열십(+)자 모양으로 길게 칼집을 넣어요. 끝부분이 완전히 잘리지 않도록 해서 모양을 유지하는 것이 포인트예요. 대파는 송송 썰고 양파는 채 썰어요.
2. 큰 볼에 굵은 소금과 물을 섞어 소금물을 만든 뒤, 오이를 넣어 절여요. 오이를 살짝 구부려 봤을 때 부러지지 않을 정도가 되면 충분히 절여진 거예요. 절인 오이는 체에 밭쳐 물기를 빼줘요.
3. 부추는 깨끗이 씻어 4~5cm 길이로 썰고, 대파도 송송 썰어요. 큰 볼에 밀가루풀 1컵, 고춧가루, 다진 마늘, 멸치액젓(또는 까나리액젓), 물엿, 소금, 대파, 양파를 넣고 잘 버무려 김칫소를 만들어요. 부추는 마지막에 넣어 가볍게 버무려요.
4. 절인 오이의 칼집 사이에 김칫소를 꽉 채워 넣어요. 속이 빠지지 않도록 단단히 눌러 넣는 것이 좋아요.
5. 김칫소를 채운 오이를 김치통에 차곡차곡 담고, 남은 양념을 위에 고루 부어요.
6. 바로 먹어도 맛있지만, 하루 정도 실온에 두어 살짝 익힌 뒤 냉장 보관하면 더욱 맛있게 즐길 수 있어요.

---

**이모카세 tip**
**오이는 통으로 칼집만 넣는 방식이 김칫소가 덜 빠지고 먹을 때도 깔끔해요.**

새콤하고 시원한 국물이 생각날 때

# 얼갈이 열무 물김치

뜨거운 여름, 입맛 없을 땐 얼갈이 열무 물김치만 한 게 없어요. 푹 익은 김치보다 새콤하고 시원한 국물이 생각날 때, 국수 말아 한 그릇 뚝딱이면 더위도 잠시 잊게 되죠.

---

재료

열무 1/2단(500g), 얼갈이 1/2단(500g), 밀가루풀 2컵, 물 20컵, 대파 1대, 홍고추 4개, 다진 마늘 3큰술, 멸치액젓 8큰술, 소금 2큰술, 고춧가루 4큰술

만드는 순서

1  열무와 얼갈이는 뿌리를 다듬고 끝부분과 떡잎을 정리해 5cm 길이로 잘라요. 흐르는 물에 씻어 채반에 밭쳐 두고, 대파와 홍고추는 어슷 썰어 준비해요.

2  김치통에 열무와 얼갈이를 차곡차곡 담아요.

3  대야에 물, 밀가루풀, 다진 마늘, 멸치액젓, 소금을 넣고 저어요. 고춧가루를 체에 곱게 걸러 대야에 넣고 풀어줘요. 잘 풀어져 환타 음료처럼 주황색이 되면 김치통에 부어요. (채소가 다 안 잠겨도 숨이 죽으면서 다 잠겨요. 섞으면 풋내가 나니 뒤적이지 않아요.)

4  열무와 얼갈이 위에 썰어놓은 홍고추와 대파를 얹고 뚜껑을 닫아요.

**이모카세 tip**

고춧가루는 체에 곱게 걸러 넣는 것이 국물 맑기의 핵심이에요. 바로 먹어도 좋고, 하루 실온에 두었다가 냉장 보관하면 알맞게 익어요. 아이들이 먹을 때는 고춧가루를 넣지 않고 하얗게 만들어도 맛있어요.

# 마음 든든한 보리밥 한 상

무더운 여름엔 입맛을 살려줄 시원하고 개운한 한 상이 제격이에요.
달큰한 애호박, 아삭한 열무, 구수한 우렁강된장이 어우러지면
지친 하루도 땀이 식듯 가뿐해지는 술상이 완성돼요.

# 여름맞이 제철 술상

애호박볶음
열무비빔밥
우렁강된장

부드럽고 아삭한 여름 반찬
# 애호박볶음

여름에 가장 맛있는 채소 중 하나인 애호박을 아삭하고 향긋하게 볶아낸 기본 반찬이에요. 들기름 향으로 마무리하면 입맛을 사로잡는 계절 밥반찬이 됩니다.

---

**재료**

애호박 1개, 대파 1/3대, 식용유 2큰술, 다진 마늘 1큰술, 소금 1/2큰술, 새우젓 1큰술(선택), 들기름 1큰술

**만드는 순서**

1. 애호박은 깨끗이 씻어 양 끝을 자른 뒤 세로로 반 갈라 0.5cm 두께의 반달 모양으로 썰고, 대파는 송송 썰어요.
2. 팬에 식용유를 두르고 중불로 달군 뒤 애호박, 대파, 다진 마늘을 넣고 마늘 향이 올라올 때까지 볶아요. 소금 또는 새우젓으로 간을 맞춰요.
3. 센 불에 5분 정도 볶다가 뽀얗게 국물이 생기고 애호박 색이 새파랗게 올라와서 살짝 아삭한 정도가 되면 불을 끄고 들기름을 두르고 한 김 식혀요. (넓게 펼쳐 식히면 호박에 물이 생기지 않고 아삭함을 유지할 수 있어요.)

**이모카세 tip**

애호박은 너무 오래 볶지 말고 색이 살아 있고 살짝 덜 익었을 때 불을 끄는 것이 좋아요. 잔열로도 충분히 익어요. 완전히 익히면 식었을 때 부서지거나 죽처럼 될 수 있어요. 들기름은 마지막에 살짝 둘러야 향이 가장 잘 살아나요.

보리밥 위에 올려 쓱쓱 비벼 먹는
# 열무비빔밥

여름 입맛이 없을 때 한 그릇 뚝딱 해결되는 열무비빔밥! 보리의 고소함과 열무김치의 시원한 감칠맛이 어우러져 별다른 반찬 없이도 든든하게 즐길 수 있어요.

---

### 재료
보리쌀 1컵, 멥쌀 1컵, 물 4컵

### 열무김치용 재료
열무 500g, 소금물(물 6L + 굵은 소금 2컵), 밀가루풀 1컵, 홍고추 4개, 물엿 3큰술, 다진 마늘 1큰술, 멸치액젓 3큰술, 대파 1대, 고춧가루 3큰술, 통깨 1큰술

### 만드는 순서

1. 보리쌀은 흐르는 물에 깨끗이 씻어 냄비에 담고 물을 붓고 팔팔 끓여 익힌 뒤, 체에 밭쳐 물기를 빼요.
2. 멥쌀은 찬물에 30분 정도 불려 준비해요.
3. 전기밥솥에 불린 멥쌀과 삶은 보리쌀을 넣고 취사해요. (물은 평소 멥쌀로 지을 때 분량으로 맞춰요. 멥쌀과 보리쌀 비율은 취향에 따라 조절해요.)
4. 열무는 다듬어 깨끗이 씻고 소금물에 살짝 절여 숨을 죽여요. 절인 다음 체에 밭쳐 물기를 빼요. 대파와 홍고추는 어슷 썰어요.
5. 절인 열무에 밀가루풀을 붓고 섞은 뒤, 홍고추, 물엿, 다진 마늘, 멸치액젓, 대파, 고춧가루, 통깨를 넣고 버무려요. 맛을 보고 부족한 간은 소금으로 맞춰요.
6. 따끈한 보리밥 위에 열무김치를 얹고 기호에 따라 고추장과 참기름을 곁들여 비벼 먹으면 완성이에요.

---

**이모카세 tip**

열무비빔밥은 애호박볶음과 함께 먹으면 더 맛있어요. 열무김치를 담글 때는 고춧가루를 너무 많이 넣지 않도록 주의하세요. 색은 살짝만 더하고, 텁텁하지 않게 담백한 맛을 살리는 것이 포인트예요.

시골 된장맛 그대로
# 우렁강된장

구수하고 감칠맛 나는 우렁 강된장은 밥이나 쌈과 찰떡같이 잘 어울리는 밥도둑 반찬이에요. 국물보다 건더기가 더 많은 자작한 된장찌개 같은 느낌으로, 채소만 넣어도 훌륭하지만 우렁이 더해지면 씹는 재미와 풍미가 배가돼요.

재료

우렁살 2컵, 표고버섯 2개, 애호박 1/4개, 양파 1/2개, 대파 1대, 청양고추 3개, 물 4컵, 국물용 멸치 15마리, 집된장 3큰술, 다진 마늘 1큰술, 멸치액젓 1작은술

만드는 순서

1. 냉동 우렁살은 해동 후 흐르는 물에 여러 번 헹궈 비린 맛을 제거하고, 체에 밭쳐 물기를 최대한 제거해요.
2. 표고버섯, 애호박, 양파는 우렁과 비슷한 크기로 깍둑 썰어요. 대파, 청양고추는 송송 썰어요.
3. 뚝배기에 물 300ml와 멸치를 넣고 끓인 뒤 멸치를 건져내 육수를 만들어요.
4. 육수에 집된장, 다진 마늘, 멸치액젓을 넣고 잘 풀어준 뒤 준비한 채소와 우렁살을 모두 넣어요. (채소의 양을 넉넉히 넣으면 짜지 않게 즐길 수 있어요.)
5. 중불에서 바닥이 눋지 않도록 저어가며 10분 이상 자작하게 졸여요.

> **이모카세 tip**
> 우렁 대신 표고, 애호박, 양파, 청양고추 같은 채소만 넣어도 감칠맛 나는 강된장을 만들 수 있어요. 쌈 채소에 싸 먹거나 앞의 열무비빔밥에 얹어 비벼 먹으면 맛있어요.

## 무더운 여름도 이겨내는 보양식 한 상

무더운 여름엔 몸을 속부터 뜨겁게 덥혀주는 음식이 힘이 돼요.
진하게 우린 닭개장 한 그릇, 매콤한 닭무침 한 접시면 기운이 절로 나죠.
여름을 이겨내는 든든한 보양 한 상이에요.

# 여름맞이 제철 술상

닭개장 닭무침

기운 없을 때 한 그릇이면 충분
# 닭개장

두 가지 요리를 한 번에 완성할 수 있는 실속 레시피예요. 진한 국물의 닭개장을 끓이면서, 남은 살은 따로 무쳐내면 부드럽고 고소한 닭무침이 완성돼요. 먼저 닭개장 레시피부터 소개할게요.

---

### 재료

닭 1마리(+닭무침용 1마리), 무 1/4개, 대파 1대, 양파 1/2개, 데친 고사리 150g, 데친 토란대 150g, 청양고추 3개, 고춧가루 6큰술, 고추장 1큰술, 후추 1큰술, 다진 마늘 3큰술, 다진 생강 1/2큰술, 간장 3큰술, 소금 1+1/2큰술, 된장 1/2큰술

### 만드는 순서

1. 닭은 반으로 갈라 냄비에 담고 물을 부어 끓인 뒤, 첫 물은 버리고 찬물에 헹궈 불순물을 제거해요.
2. 다시 닭을 냄비에 넣고 물을 부어 푹 삶아요. 살이 뼈와 쉽게 분리될 정도가 되면 건져내 살과 뼈를 분리해요. 삶은 국물은 체에 거르고 육수로 사용해요. (육수는 1.8L 정도 남겨두면 적당해요.)
3. 닭살을 결대로 찢어요. (닭무침용으로 닭살 절반은 따로 덜어둬요.)
4. 무는 너무 얇지 않게 은행잎 모양으로 썰고, 양파는 도톰하게 채 썰어요. 대파는 5cm 정도로 양파 길이에 맞춰 길게 썰고, 고사리와 토란대는 한 입 크기로 썰어요. 청양고추는 어슷 썰어요.
5. 육수에 썬 채소와 닭살을 넣고 고춧가루, 고추장, 후추, 다진 마늘, 다진 생강, 간장을 넣어 뚜껑을 닫고 푹 끓여요. 부족한 간은 소금으로 맞춰요.
6. 뚜껑을 열어 대파를 밀가루에 으깨듯 버무려서 위에 올려요. 파가 다 익으면 완성이에요.

> **이모카세 tip**
> 고사리와 토란대는 삶은 것을 사용하면 더 간편해요.

남은 닭 한 마리로 두 번째 행복
# 닭무침

푹 삶은 닭을 결대로 찢어 양념에 조물조물 무치면 손이 멈추지 않는 별미가 완성돼요.
닭 하나로 두 번 맛있게, 일석이조 밥상이에요.

---

재료

닭살 1마리 분량, 쪽파 2대, 간장 2큰술, 참기름 1큰술, 다진 마늘 1큰술, 물엿 1큰술, 후추 1/2큰술, 통깨 1큰술, 소금 1큰술

만드는 순서

1  쪽파는 송송 썰어요.
2  결대로 찢은 닭살에 간장, 참기름, 다진 마늘, 물엿, 후추, 쪽파를 넣고 조물조물 무쳐요.
3  부족한 간은 소금으로 맞춰요.

---

**이모카세 tip**

하나의 재료로 두 개의 요리를 한 번에 할 수 있어서 좋아요. 닭개장과 닭무침 모두 간이 세지 않고 부드러워서 아이들 간식이나 연세 드신 어른들 반찬으로도 잘 어울려요.

가을

# 가을 채소 요리

돼지고기 녹두전

소고기 토란 뭇국

한입 고구마 맛탕

아욱된장국

호박고지나물

늙은호박국

도톰하게 부쳐야 제맛

# 돼지고기 녹두전

고소한 녹두 반죽에 잘게 다진 돼지고기와 김치를 얹어 부쳐낸 녹두전은 옛날식 투박한 정취가 살아 있는 전통 간식이에요. 특히 갈지 않고 칼로 다진 고기를 넣으면 씹는 맛이 살아나고, 녹두의 고소한 풍미와 어우러져 깊은 맛을 냅니다.

### 재료

깐 녹두 450g(마른 녹두 기준), 다진 돼지고기 120g, 다진 마늘 1/3큰술, 간장 1/2큰술, 후추 1꼬집, 김치 60g, 대파 1/2대, 밀가루(농도 보면서 조절), 식용유 적당량

### 만드는 순서

1. 녹두는 체에 걸러 물기를 빼 믹서기에 곱게 갈아요.
2. 돼지고기는 씹힐 정도의 크기로 칼로 곱게 다진 후, 다진 마늘, 간장, 후추를 넣고 양념해둬요.
3. 김치는 속을 털어내고 잘게 썰고, 대파는 송송 썰어요.
4. 녹두에 대파를 넣고 섞은 다음 밀가루를 넣어 되직한 농도로 맞춰요.
5. 팬을 중약불로 달군 뒤 식용유를 넉넉히 두르고, 녹두 반죽을 한 국자씩 떠 큰 호떡 크기로 팬에 얹어요.
6. 반죽 위에 양념한 돼지고기, 김치를 고명으로 가운데 반반 올려 은근한 불에 익혀요.
7. 한 면이 노릇하게 익으면 조심히 뒤집고, 센 불이 아닌 중불로 속까지 잘 익히면 완성이에요. 녹두전은 누르지 않고 도톰하게 부치는 게 맛있어요.

### 이모카세 tip

고기는 믹서로 갈지 않고 칼로 다져 넣는 것이 포인트예요! 씹는 식감이 살아 있어 훨씬 맛있어요. 팬에 얇게 눌러 부치기보다는 도톰하게 부쳐야 옛날식 투박한 맛이 제대로 나요. 녹두는 돼지고기의 잡내를 잡아주는 역할을 하니 기름지고 느끼한 맛 없이 깔끔하고 고소하게 완성돼요. 만능 양념간장(33쪽 참고)을 같이 곁들여 먹으면 맛있어요.

부드러운 토란이 입에서 살살

# 소고기 토란 뭇국

가을에 제맛을 내는 토란을 넣어 푹 끓여낸 뭇국은 담백하면서도 깊은 국물 맛이 일품이에요. 토란의 부드러운 식감과 무, 고기가 어우러져 속을 편안하게 덥혀주는 집밥 같은 국이에요.

### 재료

토란 250g, 소고기(양지) 270g, 무 1/4개, 표고버섯 2개, 대파 1대, 다진 마늘 1+1/2큰술, 국간장 3큰술, 소금 1큰술, 물 10컵, 후추 1/2큰술

### 만드는 순서

1. 소고기는 먹기 좋은 크기로 썰고 키친타월로 핏물을 제거해요.
2. 토란은 장갑을 끼고 껍질을 벗긴 뒤 쌀뜨물에 넣어 부드러워질 정도로 데쳐 찬물에 헹궈요.
3. 무는 은행잎 모양으로 썰고, 표고버섯은 모양을 살려서 썰어요. 토란은 고기와 비슷한 크기로 썰고 대파는 어슷 썰어요.
4. 냄비에 물 1.5리터를 붓고 무, 표고버섯, 대파를 넣고 끓여요. 다진 마늘, 국간장, 소금으로 간을 해요.
5. 물이 끓으면 소고기와 토란을 넣어요.
6. 재료가 모두 익을 때까지 중불에서 끓이면 완성이에요. 싱거우면 소금으로 간을 조절해요.

> **이모카세 tip**
> 두부가 있다면 마지막에 함께 넣어도 좋아요.

아이도 어른도 좋아하는 추억의 간식
# 한입 고구마맛탕

따뜻할 때 먹어도 맛있고, 식은 뒤에도 쫀득한 식감이 매력적인 고구마 맛탕은 누구에게나 익숙한 추억의 간식이에요. 고소한 참깨나 은은한 단맛이 나는 시나몬 가루를 더하면 취향에 따라 풍미를 더욱 살릴 수 있어요.

---

### 재료

고구마 4개(약 300g), 식용유 적당량(고구마가 잠길 정도), 물엿 5큰술, 검은깨 1큰술, 흑임자 가루 1큰술(시나몬 가루 등 기호에 따라)

### 만드는 순서

1. 고구마는 깨끗이 씻은 뒤 껍질째 한입 크기로 깍둑 썰어요.
2. 냄비나 깊은 팬에 식용유를 넉넉히 붓고 중불로 예열해요. 기름 온도가 170도 정도 되면 고구마를 넣고 3~4분간 노릇하게 튀겨요.
3. 튀긴 고구마는 키친타월 위에 올려 기름을 빼요.
4. 볼에 물엿과 고구마를 넣고 골고루 뒤적여 코팅해요.
5. 불을 끈 뒤 검은깨를 뿌려 마무리해요.

---

**이모카세 tip**

고구마는 껍질째 사용하는 것이 좋아요. 껍질에는 영양이 풍부하고, 조리 후 색감도 살아 있어 그릇에 담았을 때 시각적으로도 더 예뻐요. 설탕 대신 물엿을 쓰면 끈적이지 않고 고르게 코팅돼 깔끔한 단맛을 즐길 수 있어요. 꿀로 대신하면 한결 더 건강하게 먹을 수 있답니다.

힘들 때 가장 먼저 생각나는 국

# 아욱된장국

아욱된장국은 엄마와의 추억이 담긴 요리예요. 힘든 일이 있을 때면 엄마는 아무 말 없이 끓여주시곤 했는데요. 어떤 위로의 말보다도 마음을 든든하고 따뜻하게 채워주곤 했어요. 밥에 국물 한 숟갈 떠먹으면 속이 풀리면서 힘이 나는 음식이에요.

---

재료

아욱 130g, 대파 흰 부분 1대, 청양고추 1개, 물 10컵, 멸치 10마리, 된장 2큰술, 다진 마늘 1큰술

만드는 순서

1. 아욱은 굵은 대를 잘라내고 바구니에 넣고 부러뜨리듯 으깨요.
2. 아욱은 4~5cm 길이로 썰고, 대파와 청양고추는 어슷 썰어요.
3. 냄비에 물과 멸치, 된장, 다진 마늘, 대파, 청양고추를 넣고 중불에서 끓여요.
4. 국물이 끓기 시작하면 아욱을 넣고 10분 정도 바글바글 끓여요. 간은 소금으로 맞춰요.

---

**이모카세 tip**

아욱의 아삭한 식감을 원하면 짧게, 푹 익은 걸 좋아하면 더 오래 끓이세요.

시간이 만든 깊은 맛
# 호박고지나물

호박고지를 천천히 불려 볶아낸 이 반찬은, 은근한 구수함과 고소함이 살아있는 옛날 밥상 그대로의 맛을 전해줘요. 제철에 넉넉히 말려두었다가 꺼내 만들면 손쉽게 깊은 풍미를 낼 수 있어요.

---

**재료**

호박고지 3줌(불린 후 꼭 짜낸 것 기준), 간장 1큰술, 다진 마늘 1/2큰술, 물엿 1/2큰술, 대파 1/4대, 들기름 1+1/2큰술, 소금 1꼬집, 통들깨 1큰술(선택)

**만드는 순서**

1. 호박고지는 잠길 정도의 물에 담가 불려요. 많이 마르지 않았다면 찬물에 1~2시간 정도 담가둬요. 오래 말린 경우는 뜨거운 물에 살짝 담갔다가 찬물에 헹궈 물기를 꼭 짠 뒤 체에 받쳐 준비해요. (삶지는 않아요.) 대파는 잘게 다져요.
2. 볼에 불린 호박고지와 간장, 다진 마늘, 물엿, 대파, 들기름을 넣고 양념이 겉돌지 않게 조물조물 무쳐요.
3. 팬에 양념한 호박고지를 담고 통들깨와 함께 중불에서 천천히 볶아요. 부족한 간은 소금으로 맞춰요. 파와 마늘이 익고 호박고지가 부드럽게 볶아질 때까지 익히면 돼요.

> **이모카세 tip**
> 들깻가루나 통들깨가 있다면 양념할 때 함께 넣으면 고소함이 배가되고 씹는 맛도 좋아져요.

시골집 아침처럼 구수한 단맛
# 늙은호박국

은은한 단맛과 포근한 식감이 매력인 늙은호박국은 부담 없이 한 끼로 먹기 좋은 건강식이에요. 달큰하게 끓여내 따뜻하게 먹으면 속이 편안해요.

---

**재료**

늙은호박 600g, 물 6컵, 다진 마늘 1큰술, 소금 1큰술, 설탕 1/4큰술

**만드는 순서**

1. 늙은호박은 껍질을 벗기고 속을 깨끗하게 제거해요. 10cm 정도 되는 석박지 크기로 큼직하게 썰어요.
2. 냄비에 호박이 잠길 정도로 물을 붓고 중불에서 푹 끓여요.
3. 호박이 부드럽게 익으면 국자나 주걱으로 냄비 안에서 으깨요. 죽처럼 부드럽게 흐를 정도의 점도가 될 때까지 조절해요.
4. 다진 마늘, 소금, 설탕을 넣고 간을 맞춘 뒤 한소끔 끓여 마무리해요.

---

**이모카세 tip**

고추장 1/2큰술 정도 호박국에 살짝 풀어 먹으면 칼칼한 감칠맛이 더해져 색다른 풍미를 느낄 수 있어요. 기호에 따라 삶은 강낭콩이나 옥수수를 함께 넣으면 식감도 좋고 단맛도 더해져 든든한 한 끼가 돼요.

# 가을 해산물 요리

낙지배추숙회

꽃게탕

양미리조림

손님상에 차려내면 감탄을 부르는
# 낙지배추숙회

낙지배추숙회는 재료가 단출하지만 깔끔하고 고급스러운 느낌을 주는 요리예요. 부드럽게 데친 알배추와 쫄깃한 낙지를 돌돌 말아 한입에 쏙 넣으면, 고소한 기름장과 함께 담백하고 감칠맛 나는 풍미가 입안 가득 퍼져요.

**재료**

중 사이즈 생물낙지 2마리, 알배추 1/2통, 굵은소금 1큰술, 물 2L, 맛소금 1작은술, 참기름 2큰술

**만드는 순서**

1. 낙지는 굵은소금(또는 밀가루)으로 문질러 이물질과 점액을 제거한 뒤, 흐르는 물에 여러 번 헹궈 깨끗이 손질해요.
2. 입은 다리 중앙에서 밀어 제거하고, 머리 안쪽 내장도 정리해요.
3. 알배추는 밑동을 잘라내고 잎을 하나씩 떼어내고, 끓는 물에 넣어 데쳐요. 배추의 흰 부분이 휘어지는 정도로 숨이 죽으면 건져내요.
4. 같은 물에 낙지를 넣고 1분 내외로 살짝만 데쳐 빨간 빛이 돌면 바로 건져요. (낙지를 데칠 때 채수를 사용하면 비린내를 없앨 수 있어요.)
5. 데친 낙지는 배춧잎에 돌돌 말아 먹으면 돼요. 맛소금과 참기름을 섞어 기름장을 만들어 찍어 먹어요.

> **이모카세 tip**
> 제철 재료에 맞게 부추나 쪽파를 데쳐 곁들이면 향이 더해져 맛이 풍성해져요. 낙지, 문어, 주꾸미 등을 먹을 때 보통 초장을 생각하는데, 기름장에 찍어 먹으면 더 고소하고 풍미가 있어요. 신선한 참기름을 사용하면 맛의 깊이가 훨씬 살아나요.

속까지 개운하게 풀리는 제철 별미
# 꽃게탕

꽃게탕은 꽃게가 가장 맛있는 계절에 꼭 한 번은 끓여 먹어야 할 국물요리죠. 살이 꽉 찬 꽃게에서 우러나온 깊고 시원한 국물에 된장과 고춧가루가 얼큰하게 어우러져 밥 한 공기 뚝딱 비워지기 딱 좋은 맛이에요.

### 재료

손질꽃게 2마리, 무 2/3토막, 대파 1대, 청양고추 3개, 물 10컵, 된장 1/2큰술, 고춧가루 5큰술, 고추장 1/2큰술, 다진마늘 2큰술, 후추 1/2큰술, 소주 1/2컵, 쑥갓 1줌(선택), 미나리 1줌(선택), 팽이버섯 1/2봉(선택), 두부 1/2모(선택), 소금 1큰술

### 만드는 순서

1. 꽃게는 흐르는 물에 깨끗이 씻어요. 무는 1cm 정도로 도톰하게 썰고, 대파와 청양고추는 어슷 썰어요.
2. 냄비에 물을 붓고 된장을 풀고, 고춧가루, 고추장, 다진 마늘, 무, 후추를 넣고 센 불에서 끓여요.
3. 국물이 끓기 시작하면 꽃게를 넣고 소주, 대파, 청양고추를 넣고 10분간 끓여요.
4. 쑥갓이나 미나리, 팽이버섯, 두부 등 선택 재료를 넣고 한소끔 더 끓여요. 소금으로 간을 맞추면 완성이에요.

> **이모카세 tip**
> 쑥갓이나 미나리를 넣는다면 불 끄기 직전에 넣어야 향이 날아가지 않고 살아나요.

뼈째 씹는 고소함
# 양미리조림

양미리조림은 알이 꽉 찬 겨울철 양미리를 달큼하고 칼칼한 양념에 조려낸 밥도둑 반찬이에요. 뼈째 먹는 생선이라 번거롭지 않고, 무와 함께 조리면 국물 맛까지 시원하게 우러나서 찬밥에도 술안주에도 잘 어울려요.

### 재료

양미리 10마리, 무 1/4개, 양파 1/2개, 대파 1/2대, 청양고추 3개, 만능 양념간장(33쪽 참고) 5큰술, 후추 1/2큰술, 소주 1/2컵, 물 3컵

### 만드는 순서

1. 양미리는 깨끗이 씻어 물기를 빼고, 무는 도톰하게 반달 모양으로 썰어요. 양파와 대파와 청양고추는 어슷 썰어요.
2. 냄비에 무를 바닥에 깔고, 그 위에 양미리와 양파, 대파, 청양고추 순으로 올려요.
3. 그 위에 만능 양념간장, 후추, 소주를 부어요. 물을 넣고 센 불에서 끓여요.
4. 센 불에서 한 번 끓으면 중불로 줄이고 뚜껑을 덮어 익혀요. 국물이 자작해질 때까지 은근하게 끓여요.
5. 참기름을 한 바퀴 두르면 완성이에요.

### 이모카세 tip

무는 바닥에 깔아야 양미리가 눌어붙지 않고, 국물 맛도 시원하게 우러나요. 양미리는 뼈째 먹는 생선이라 손질이 간편하고, 가시 걱정 없이 먹을 수 있어요.

# 가을 김치

배추겉절이

갓 버무린 가을배추의 첫맛
# 배추겉절이

배추겉절이는 김장김치와는 달리 바로 무쳐 먹는 간편하고 상큼한 반찬이에요. 알배추를 살짝 절이고 매콤달콤한 양념으로 버무리면 입맛을 확 돋우는 제철 반찬이 됩니다.

---

재료

알배추 1개, 대파 1/3대, 굵은소금 2큰술, 물 5컵, 참기름 1큰술(선택), 식초 1/2큰술(선택)

양념 재료

다진 마늘 1큰술, 고춧가루 4큰술, 멸치액젓 4큰술, 물엿 1큰술, 밀가루풀 3큰술, 대파 1/3대

만드는 순서

1. 알배추는 밑동을 잘라내고 잎을 길게 2등분해요. 소금물에 담가 숨이 살짝 죽을 정도로만 절이고, 헹군 뒤 채반에 건져 물기를 빼요. 대파는 어슷 썰어 준비해요.
2. 볼에 다진 마늘, 고춧가루, 멸치액젓, 물엿, 밀가루풀, 대파를 넣고 잘 섞어 양념을 만들어요.
3. 물기를 뺀 배추와 양념을 고루 버무려요.
4. 바로 먹을 경우, 접시에 담아 참기름을 한 바퀴 둘러요. (겨울에는 참기름, 여름에는 식초를 넣으면 더 맛있어요.)

> **이모카세 tip**
> 알배추는 통배추와 달리 잎이 부드러워 절이는 시간을 짧게 해야 아삭한 식감이 살아나요.

기름 내음 솔솔 풍기는 전 부치는 소리에 마음까지 따뜻해지는 계절이에요.
동그랑땡, 고추전, 산적꼬치로 한 상 가득 채우면 술상이 더욱 풍성해지죠.
남은 전은 전골로도 즐길 수 있어
두 번 맛있는 계절 요리예요.

## 가을맞이 제철 술상

### 한 번에 만드는 3가지 전 요리

동그랑땡
고추전
산적꼬치

동글동글 정성 담은 명절 인기 반찬
# 동그랑땡

동글동글 귀엽게 빚어 부쳐낸 동그랑땡은 명절상 단골이지만 평소에도 아이 반찬, 도시락 반찬으로 사랑받는 메뉴예요. 고기와 채소, 두부가 고루 들어 있어 식감도 부드럽고 고소한 풍미가 은은하게 감도는 정겨운 전입니다.

**재료**

돼지고기 다짐육 400g(1/2컵은 고추전용), 두부 1/2모, 양파 1/3개, 당근 1/3개, 대파 1/4대, 달걀 2개, 식용유 2큰술

**양념 재료**

다진 마늘 1큰술, 소금 1/3큰술, 후추 1/2큰술, 참기름 2큰술, 간장 2큰술, 참기름 1작은술

**만드는 순서**

1. 두부는 물기를 꼭 짜서 곱게 으깨고, 양파, 당근, 대파는 모두 곱게 다져요.
2. 큰 볼에 돼지고기, 두부, 채소, 달걀, 분량의 양념을 넣고 치대어 반죽해요.
3. 반죽을 한입 크기로 떠서 둥글게 빚고 납작하게 눌러요.
4. 팬에 식용유를 두르고 중약불에서 노릇하게 지져요. 양면이 익으면 완성이에요.

**이모카세 tip**

고추전도 함께 만든다면 동그랑땡 반죽을 미리 1/2컵 정도 덜어 두면 활용하기 좋아요. 반죽이 질면 전분 가루를 넣으면 돼요. 남은 전은 냉장고에 두었다가 멸치 육수나 김칫국물에 넣어 전골로 만들어 먹으면 새로운 맛으로 즐길 수 있어요.

한식 안주계의 인기 메뉴
# 고추전

속이 꽉 찬 고추전을 한 입 베어 물면 아삭한 고추 속에 담긴 고소한 동그랑땡 맛이 입안 가득 퍼져요. 칼칼한 향은 살짝, 속은 부드럽고 포근해서 전을 좋아하지 않는 분들도 부담 없이 즐기기 좋은 매력적인 전이에요.

재료

풋고추(오이고추) 6개, 동그랑땡 반죽 1/2컵, 식용유 1+1/2큰술

만드는 순서

1. 고추는 꼭지를 정리하고 반 갈라 씨를 제거해요.
2. 고추 속을 반죽으로 채워요. 반죽을 넣을 때는 고추 크기보다 약간 작게 채워야 흐르지 않고 예쁘게 부쳐져요.
3. 팬에 식용유를 두르고 중불에서 천천히 앞뒤로 부쳐요.

**이모카세 tip**
고추 속씨는 작은 숟가락으로 긁어내면 간편하게 제거할 수 있어요.

보는 맛도 먹는 맛도 좋은
# 산적꼬치

색색의 재료를 가지런히 꽂아 지져낸 산적꼬치는 보는 것만으로도 상차림이 한결 풍성해져요. 재료 손질만 잘하면 만드는 과정도 어렵지 않고, 간단한 달걀물만으로 맛이 정돈돼 깔끔하고 조화로운 맛을 자랑하는 전이에요.

### 재료

마늘종 4대, 햄 4줄, 맛살 2줄, 단무지 4줄, 쪽파 8대, 달걀 2개, 식용유 2큰술

### 만드는 순서

1  마늘종, 햄, 맛살, 단무지, 쪽파를 같은 길이로 썰어요. 맛살이 크면 세로로 길게 2등분해요.
2  꼬치에 재료를 번갈아가며 꽂아요.
3  달걀은 간하지 않고 풀어요.
4  달걀물에 꼬치를 담근 뒤 식용유 두른 팬에 약불에서 앞뒤로 노릇하게 부쳐요.

> **이모카세 tip**
> 모든 재료는 길이를 맞춰 썰어야 보기 좋고 익는 속도도 일정해요. 햄, 단무지 등 간이 있는 재료가 많기 때문에 달걀물에 소금 간을 하지 않아요. 어묵, 소시지, 떡 등 냉장고 속 남은 재료가 있다면 꼬치에 같이 끼워 먹어도 맛있어요.

冬

# 겨울 채소 요리

시래기국

봄동 된장무침

더덕무침

무나물볶음

끓일수록 깊어지는 맛
# 시래기국

시래기국은 뜨끈하게 끓여 밥을 말아 먹으면 추운 날 든든한 한 끼로 제격입니다. 시래기의 구수한 풍미와 소고기의 깊은 육즙, 고추기름에 볶아낸 양념이 어우러져 얼큰하고 든든한 맛을 내죠.

**재료**

삶은 시래기 300g, 소고기 양지 200g, 무 1/4개, 대파 1대, 청양고추 2개, 참기름 1큰술. 고춧가루 4큰술, 고추장 1큰술, 된장 1/2큰술, 후추 1큰술, 다진 마늘 1+1/2큰술, 진간장 2큰술, 물 10컵(1.2L), 소금 1+1/2큰술

**만드는 순서**

1. 시래기와 소고기는 먹기 좋게 썰고, 무는 도톰하게 은행잎 모양으로 썰고, 대파는 3~4cm 길이로 썰어 굵은 부분은 반으로 가르고, 청양고추는 어슷 썰어요.
2. 냄비에 참기름을 두르고 중불에서 고춧가루, 고추장, 다진 마늘, 된장, 후추, 간장을 넣고 향이 날 때까지 볶아요.
3. 고기를 넣고 1/3 정도 익을 때까지 볶아요.
4. 물을 붓고 무, 대파, 청양고추, 시래기를 모두 넣어요. 부족한 간은 소금으로 맞춰요.
5. 뚜껑을 덮고 중불에서 국물 맛이 깊어질 때까지 푹 끓이면 완성이에요.

**이모카세 tip**

국물이 많은 것을 좋아하면 끓이면서 물을 추가하며 국물 양을 조절해요.

겨울철 입맛 깨우는 한입

# 봄동 된장무침

겨우내 땅속에서 단단하게 여문 봄동을 데쳐 고소한 된장 양념에 무쳐낸, 담백하고 향긋한 반찬이에요. 나물처럼 부드럽지만 입에 착 달라붙는 식감과 된장의 구수한 맛이 잘 어우러져요.

---

**재료**

삶은 봄동 300g, 대파 1/3대, 청양고추(선택), 소금 2꼬집, 집된장 1/3큰술, 다진 마늘 1/2큰술, 물엿 1/2큰술, 참기름 1큰술, 통깨 1큰술

**만드는 순서**

1. 봄동은 뿌리 부분까지 깨끗이 씻고 5cm 길이로 썰어요. 대파와 청양고추는 송송 썰어요.
2. 끓는 물에 소금을 넣고 봄동을 데쳐요. 잎이 초록색으로 살아나고 줄기가 눌러봤을 때 부드럽게 익으면 건져요.
3. 찬물에 헹군 뒤 물기를 짜고 먹기 좋게 썰어요.
4. 볼에 된장, 다진 마늘, 물엿, 참기름, 대파, 청양고추, 통깨를 넣고 양념을 만들어요.
5. 봄동을 양념에 넣고 조물조물 무쳐요.

> **이모카세 tip**
> 봄동은 줄기가 단단하므로 뿌리 쪽을 중심으로 씻고 데쳐야 흙맛이 남지 않아요. 청양고추는 기호에 따라 넣어요. 된장을 많이 넣으면 봄동 맛이 잘 안 느껴지니 조금만 넣어요.

생으로도 맛있는 제철 더덕의 매력
# 더덕무침

더덕무침은 입안에서 퍼지는 은은한 쓴맛과 고추장의 매콤함이 어우러진 별미 반찬이에요. 제철 더덕은 연하고 아삭해 생으로 무쳐도 향과 식감이 살아 있어요.

---

**재료**

더덕 160g, 쪽파 2대

**양념 재료**

고추장 1큰술, 고춧가루 2큰술, 간장 1큰술, 다진 마늘 1큰술, 물엿 2큰술, 참기름 1큰술, 통깨 1큰술

**만드는 순서**

1. 더덕은 껍질을 벗기고 봉지에 넣어 방망이로 가볍게 두드려 납작하게 편 뒤, 손으로 결대로 찢어요. 쪽파는 송송 썰어 준비해요.
2. 고추장, 고춧가루, 간장, 다진 마늘, 물엿, 참기름, 통깨를 섞어 양념장을 만들어요.
3. 손질한 더덕에 양념을 넣고 조물조물 무친 뒤, 위에 쪽파를 얹어 마무리해요.

---

**이모카세 tip**

보통 더덕은 구워 먹는 경우가 많지만, 제철 더덕은 아삭하고 연해서 익히지 않고 생으로 무치면 훨씬 맛있어요.

겨울이면 더욱 달큰한
# 무나물볶음

무나물은 담백하고 순한 맛이 매력적인 겨울 반찬이에요. 국물 없이 볶아내면 촉촉하면서도 개운한 맛이 살아나고, 밥 한 숟갈이 절로 당기는 정갈한 나물 요리가 됩니다.

**재료**

무 300g, 대파 1/2대, 식용유 1큰술, 다진 마늘 1큰술, 소금 1/3큰술, 들기름 1+1/2큰술

**만드는 순서**

1. 무는 너무 가늘지 않게 채 썰고, 대파는 송송 썰어 준비해요.
2. 팬에 식용유를 한 바퀴 두르고 무를 넣고 살짝 볶다가 다진 마늘, 소금을 넣고 볶아요.
3. 무가 투명해지고 수분이 나오기 시작하면, 들기름을 넣고 좀 더 볶아요.
4. 무가 다 익었다 싶을 때 대파를 넣고 뒤적인 뒤 불을 꺼요.

**이모카세 tip**

무나물은 들기름을 사용하면 은은한 고소함과 깊은 풍미가 살아나 훨씬 더 맛있어요. 특히 무의 단맛과 들기름의 고소한 향이 잘 어울려 기본 양념만으로도 맛이 충분해요.

# 겨울 해산물 요리

바지락수제비

굴무침

명태국

양념꼬막

직접 반죽해 더 쫀쫀한
# 바지락수제비

시원하면서도 쫄깃한 식감이 살아 있는 바지락수제비예요. 제철 해산물과 채소를 아낌없이 넣으면 깊고 깔끔한 국물 맛이 절로 나요.

### 재료

밀가루 3컵(300g), 물 1.5컵, 소금 1꼬집, 식용유 1~2방울, 바지락 300g, 감자 2개, 애호박 1/4개, 양파 1/2개, 청양고추 1개, 홍고추 1개, 다진 마늘 1/2큰술, 표고버섯 2개, 마른 미역 1g

### 육수 재료

물 10컵, 마른 멸치 15마리, 다시마 1장(10×10cm)

### 만드는 순서

1. 볼에 밀가루, 물, 소금, 식용유를 넣고 반죽해 랩을 씌우거나 지퍼백에 넣어 30분 정도 실온 숙성해요. (이때 반죽이 질면 밀가루를 좀 더 추가하면서 조절해요. 식용유를 넣으면 탄력이 금방 생겨요.)
2. 바지락은 소금물에 30분 해감한 뒤 깨끗이 헹궈요.
3. 냄비에 물과 멸치, 다시마를 넣고 끓이다가 20분 후 건더기를 건져 육수를 만들어요.
4. 표고버섯은 모양을 살려 썰어요. 감자와 애호박은 반달로, 양파는 채 썰고, 청양고추와 홍고추는 어슷 썰어요. 미역은 물에 담가 불려요.
5. 끓는 육수에 바지락, 표고버섯, 감자, 애호박, 양파, 미역, 청양고추, 홍고추, 다진 마늘을 넣어요.
6. 수제비 반죽을 밀대로 밀어 펴요. (반죽이 얇아져서 떼어내기 쉬워져요.)
7. 감자가 2/3쯤 익으면 손에 물을 묻혀 수제비 반죽을 떼어 넣어요. 수제비가 떠오르면 소금으로 간을 맞춰요. 기호에 따라 참기름을 한 바퀴 두르고 마무리해요.

> **이모카세 tip**
> 만능 양념간장을 곁들여서 먹어도 맛있어요.

탱글한 굴의 신선함을 그대로
# 굴무침

굴무침은 제철 굴의 탱글탱글한 식감과 무채의 아삭함, 그리고 매콤달콤한 양념이 어우러진 겨울철 별미예요.

### 재료

굴 300g, 소금 5큰술(세척용), 무 1/6개(약 140g), 배 1/4개, 양파 1/2개, 쪽파 2대, 홍고추 1개, 청양고추 1개, 다진 마늘 1큰술, 고춧가루 2큰술, 간장 1큰술, 설탕 1/3큰술, 식초 1큰술, 물엿 1/2큰술, 통깨 2큰술, 참기름 1큰술, 소금 1/3큰술, 검은깨 2큰술

### 만드는 순서

1. 굴에 소금 5큰술을 넣고 흔들며 불순물을 제거해요. 맑은 물에 3번 정도 헹궈 물기를 제거해요. 무, 배, 양파는 곱게 채 썰고 쪽파는 송송 썰어요. 홍고추와 청양고추는 세로로 길게 반 갈라 송송 썰어요.
2. 볼에 다진 마늘, 고춧가루, 간장, 설탕, 식초, 물엿, 통깨를 섞어 양념장을 만들어요. (새콤한 걸 좋아하면 식초를 더 넣어도 맛있어요.)
3. 굴에 양념장을 넣고 무, 쪽파, 홍고추, 청양고추, 양파와 함께 가볍게 섞어요. 마지막에 참기름을 두르고 한 번 더 살살 무쳐요. 싱거우면 소금을 추가해요.
4. 굴무침 위에 고명으로 배를 올리고 검은 깨를 뿌려 마무리해요.

### 이모카세 tip

상추나 알배추에 싸 먹거나, 밥 위에 올려 비벼 먹어도 별미이고, 차가운 화이트 와인과도 잘 어울려요. 청양고추는 기호에 따라 넣거나 빼도 괜찮아요.

속 풀리는 겨울철 보약
# 명태국

명태국은 들기름에 볶은 황태의 구수한 향과 시원한 국물이 어우러진 겨울철 대표 보양 국물이에요. 아침 식사로도 부담 없이 즐길 수 있고, 콩나물과 무가 어우러져 속을 따뜻하게 풀어주는 해장국으로도 좋아요.

### 재료

황태채 50g, 무 1/4개, 대파 1/2대(약 20cm), 두부 1모, 들기름 3큰술, 다진 마늘 1/2큰술, 멸치 무 육수 또는 쌀뜨물 10컵, 소금 1/2큰술

### 만드는 순서

1. 황태채는 찬물에 한 번 헹궈 물기를 꼭 짠 뒤 준비하고, 무는 얇게 은행잎 모양으로 썰고, 대파는 송송 썰고 두부는 한 입 크기로 썰어요.
2. 냄비에 들기름을 두르고 황태채와 다진 마늘을 넣어 센 불에서 달달 볶아요.
3. 황태채가 고슬고슬하게 볶이면 육수를 붓고 무, 대파를 넣고 끓여요.
4. 두부를 넣고, 소금으로 간을 맞춰 한소끔 끓여요.

### 이모카세 tip

부드럽게 즐기고 싶다면 달걀을 풀어 넣어 마무리해도 좋아요. 취향에 따라 청양고추 송송 썰어 넣어도 칼칼하고 맛있어요. 황태채를 들기름에 볶는 것이 풍미의 핵심이에요.

윤기 자르르 비주얼 반찬
# 양념꼬막

꼬막은 삶기만 해도 맛있지만, 양념을 더하면 밥 한 그릇이 뚝딱이죠. 탱글한 식감에 매콤달콤한 양념이 어우러지면 아주 별미예요.

### 재료

꼬막 300g, 굵은소금 2큰술, 만능 양념간장(33쪽 참고)

### 만드는 순서

1. 꼬막은 굵은소금을 푼 물(꼬막이 잠길 정도의 양)에 2시간 해감한 뒤, 고무장갑을 끼고 문질러 깨끗이 헹궈요.
2. 끓는 물에 꼬막을 넣고 한쪽 방향으로 국자로 저어가며 한소끔 끓인 뒤, 입이 벌어지면 건져내 식혀요. 껍질을 벌려 윗부분 껍데기는 제거해요. (국자로 한쪽 방향으로 저어야 조개가 한쪽 면에 붙어요.)
3. 꼬막을 접시에 깔고 만능 양념간장을 얹으면 완성이에요.

### 이모카세 tip

꼬막 살을 분리해 양념한 후 밥 위에 올리고, 송송 썬 쑥갓이나 상추를 곁들이면 맛있는 꼬막비빔밥이 완성돼요. 이렇게 비벼 먹으면 또 다른 별미예요.

# 겨울 김치

동치미
김장김치
깍두기

맑고 깨끗한 겨울 김치의 정수
# 동치미

무가 달큰해지는 겨울이면 빠질 수 없는 김치가 바로 동치미예요. 짭조름한 국물과 아삭한 무가 어우러져 찬밥 말아 먹기 딱 좋고, 국물만 따로 떠 마셔도 시원하게 속이 풀리는 맛이에요.

---

### 재료

무 2개, 굵은 소금 1컵, 쪽파 25뿌리, 지고추(삭힌 고추) 5개(선택), 알배추 1통(선택), 다진 생강 30g, 다진 마늘 50g, 밀가루풀 2컵, 소금 1+1/2컵, 물 4L(간 보며 가감)

### 만드는 순서

1  무는 무청과 뿌리 끝을 제거하고 겉을 솔로 깨끗하게 문질러 씻어요.
2  무에 굵은 소금을 고루 뿌려 김치통에 담고 뚜껑을 덮은 채 2~3일 실온에 둬요. 무가 쭈글해질 정도로 숨이 죽으면 꺼내요. (무에서 물이 빠져나와요.)
3  무는 4등분해 다시 김치통에 담고, 쪽파는 5뿌리씩 돌돌 말아 지고추와 함께 무 사이사이에 넣어요.
4  다진 생강과 다진 마늘은 면보에 싸서 묶은 뒤 통에 넣어요.
5  물에 밀가루풀을 섞고 소금으로 짭짤하게 간해 국물을 만든 뒤 김치통에 알배추를 길게 반으로 잘라 넣고 그 위에 국물을 부어요.
6  실온(겨울엔 하루이틀) 또는 냉장 보관 후 익은 맛이 들면 먹어요.

---

### 이모카세 tip

국물은 살짝 짜다 싶을 만큼 간해야 오래 두어도 맛이 변하지 않아요. 먹을 만큼만 덜어내 물로 살짝 희석해 떠 먹으면 더 맛있어요. 무, 쪽파, 배추, 고추도 먹을 만큼만 꺼내 썰어 드세요. 처음부터 썰어두면 쉽게 물러져요.

고기 넣고 발효시킨 깊은 맛
# 김장김치

겨울을 나기 위해 담그는 김장은 그 자체로 한 해 농사의 마무리예요. 돼지고기를 켜켜이 넣어 담그면, 발효되며 고기가 녹아내리고 김치에 시원하고 깊은 감칠맛이 배어요.

---

**재료**

절임배추 1포기, 밀가루풀 2컵, 굵은 소금 2컵, 돼지고기 앞다리살 300g(2cm 도톰한 것), 무 1/2개, 쪽파 1/2단(20줄기), 고춧가루 4컵, 멸치액젓 5큰술, 물엿 5큰술, 다진 마늘 1컵, 설탕 5큰술

**만드는 순서**

1. 배추는 반 자르고 밑동에만 칼집을 내요. (더 빠르게 절일 수 있어요.) 배추에 굵은 소금 1컵을 뿌리고 배추가 잠길 정도로 물을 부어요. 굵은 소금 1컵을 그 위에 또 부어요. 실온 보관 후 뒤적거려 줘요. 숨이 죽으면 건져 물기를 충분히 빼요.
2. 무는 곱게 채 썰고, 쪽파는 무 길이에 맞춰 썰어요.
3. 넓은 대야에 밀가루풀, 고춧가루, 다진 마늘, 멸치액젓, 물엿, 설탕을 넣고 잘 섞어 양념 속을 만들어요.
4. 무, 쪽파를 넣고 고루 섞어 간을 봐요. 싱거우면 소금이나 새우젓을 추가해요.
5. 절인 배춧잎 사이사이에 양념 속을 넣고 배춧잎을 안으로 오므려 김장통에 담아요.
6. 배추 위에 얇게 썬 돼지고기를 한 겹 깔고, 그 위에 다시 배추를 올리는 방식으로 켜켜이 반복해서 담아요.
7. 뚜껑을 닫아 냉장고에 약 3개월간 숙성해요.

> **이모카세 tip**
>
> 김치 사이에 넣은 돼지고기가 발효되며 자연스럽게 녹아내려 김치 국물에 깊고 시원한 맛을 더해 줘요. 같은 김장김치라도 돼지고기를 넣고 숙성한 김치로 찌개를 끓이면 국물 맛이 훨씬 진하고 시원해서 비교해보면 그 차이를 바로 느낄 수 있어요.

뜨끈한 국물요리와 찰떡궁합

# 깍두기

무의 시원한 단맛을 살려 바로 무쳐 만드는 깍두기예요. 국물까지 시원하게 떠먹을 수 있어 설렁탕이나 갈비탕에 곁들이면 딱 좋아요.

---

재료

무 1개, 대파 1대, 다진 마늘 2큰술, 고춧가루 1컵, 소금 1.5큰술, 물엿 3큰술, 밀가루풀(또는 시판 뼈 육수나 곰탕 육수) 1컵

만드는 순서

1. 무는 박박 문질러 깨끗이 씻은 뒤 껍질째 한입 크기로 깍둑 썰어요. 대파는 어슷 썰어요.
2. 큰 대야에 무, 대파, 다진 마늘, 고춧가루, 소금, 물엿, 밀가루풀을 넣고 문지르듯 버무려요. 싱거우면 소금으로 간을 맞춰요.
3. 깍두기를 김치통에 꼭꼭 눌러 담고 뚜껑을 닫아요.
4. 겨울엔 실온에서 2~3일 익힌 뒤 냉장 보관하고, 여름엔 바로 냉장고에 넣어 익혀요. 일주일 정도 지나면 시원하고 맛있는 깍두기가 돼요.

**이모카세 tip**
보통은 무를 소금에 절이지만, 이 방식은 절이지 않고 바로 무쳐요. 무의 단맛이 빠지지 않고, 국물이 생겨 물김치처럼 시원하게 즐길 수 있어요. 국물까지 함께 떠먹으면 짜지 않고 깊은 맛이 나요. 소금 대신 새우젓을 넣어도 괜찮아요.

동치미, 김장김치, 깍두기. 이 세 가지만 있어도 겨우내 든든해요.
겨울이면 어김없이 김장을 하고, 주변 사람들과 나눠 먹는
즐거움도 함께 누려요. 어렵고 힘든 일이라 해도
좋아하는 마음 하나면 거뜬하죠.
그게 바로 김장의 기쁨이에요.

뜨끈한 안동국시와
수육 상

배추전

수육

# 겨울맞이 제철 술상

안동국시
안동집 겉절이

속을 따뜻하게 데워주는
국시 한 그릇에 수육을 곁들이면
찬 바람 부는 겨울에도 든든한 즐거운 술상이 돼요.

인생 요리 국수
# 안동국시

안동국시는 지역의 정취를 그대로 담아낸 담백하고 수수한 국수예요. 콩가루와 밀가루를 반반 섞어 만든 면과 맑은 육수는 별다른 간 없이도 깊은 맛을 내죠.

---

**재료**

생콩가루 300g, 밀가루 300g, 물 2+1/2컵(반죽용)+12컵(육수용), 멸치 15마리, 무 1토막, 얼갈이배추 2포기, 애호박 1/2개

**양념장 재료**

고춧가루 1큰술, 국간장 1큰술, 다진 마늘 1작은술, 쪽파 또는 대파 약간, 청양고추(선택)

**만드는 순서**

1. 콩가루와 밀가루를 1:1로 섞고 물을 조금씩 부어가며 질지 않게 반죽해요. 반죽에 소금을 아주 약간 넣어도 되지만, 옛 방식대로라면 넣지 않아도 괜찮아요. 봉지에 넣고 30분~1시간 두면 서로 엉겨 밀기 좋은 상태가 돼요.
2. 반죽을 홍두깨로 아주 얇게 밀고, 밀가루를 뿌리며 겹겹이 접어 썰어 면을 만들어요. (안동국시는 가느다란 면발이 특징이에요.)
3. 얼갈이배추는 먹기 좋게 썰고, 애호박도 채 썰어요.
4. 냄비에 물, 멸치, 무를 넣고 맑게 육수를 끓여요.
5. 분량의 재료로 양념장을 만들고, 기호에 따라 청양고추를 송송 썰어 넣어도 좋아요.
6. 육수가 끓으면 면을 풀어 넣고 서로 달라붙지 않도록 저어줘요. 채소는 함께 넣거나, 면이 익은 뒤에 넣어도 돼요. (푹 익은 걸 원하면 면과 함께 넣어요.)
7. 면이 살짝 뽀얗게 익고, 한 가닥을 꺼내 손으로 눌렀을 때 가운데 심이 없으면 다 익은 거예요. 그릇에 담아 국물에 양념장과 다진 마늘을 기호에 맞게 넣어 먹어요. (국수 삶은 물 3큰술은 겉절이를 만들 때 활용할 수 있어요.)

> **이모카세 tip**
>
> 이 음식의 숨은 맛 포인트는 육수에 마늘을 넣지 않고, 먹기 직전 생마늘을 국물에 넣어 먹는 것이에요. 더 시원하고 깔끔한 풍미를 느낄 수 있죠. 콩가루를 섞은 면은 삶는 동안 노랗거나 붉게 변할 수 있는데, 이는 자연스러운 산화 현상이니 걱정 없이 먹어도 돼요. 예전에는 얼갈이배추를 사시사철 구하기 어려워, 열무순이나 부추 같은 제철 나물을 넣었어요. 얼갈이배추 대신 계절에 따라 다른 나물로도 충분히 맛있게 즐길 수 있어요.

잡내 없이 촉촉하고 쫀득한 비결

# 수육

기름기 적당히 빠지고 촉촉하게 삶긴 수육 한 점. 집에서 간단하게 삶아도 고기 잡내 없이 부드럽고 구수해요. 따끈한 수육에 새우젓 하나 올려 한입, 이보다 든든한 밥상이 또 있을까요.

**재료**

돼지고기 700g(목살이나 앞다리살), 마늘 10쪽, 생강 1조각 (약 2cm), 대파 1대, 된장 1큰술

**새우젓 양념장 재료**

시판 새우젓 2큰술, 다진 마늘 1/3큰술, 송송 썬 대파 1/2큰술, 고춧가루 1/5큰술

**만드는 순서**

1. 마늘과 생강은 씻어 준비하고, 대파는 큼직하게 뚝 뚝 썰어요.
2. 큰 냄비에 고기가 잠길 정도로 물을 붓고, 된장 1큰 술을 풀어요. 준비한 마늘, 생강, 대파를 넣고 중불 로 끓이기 시작해요.
3. 불을 센불로 올려 40분 정도 푹 삶아요. 젓가락으로 찔렀을 때 쑥 들어가면 완성이에요.
4. 익은 고기를 건져 먹기 좋은 두께로 썰어내요.
5. 시판 새우젓, 다진 마늘, 대파, 고춧가루를 섞어 새 우젓 양념장을 만들어 찍어 먹어요.

> **이모카세 tip**
>
> 마늘, 생강, 대파가 없다면 물에 된장 1큰술과 소고기 다시다 1큰 술만 넣어도 돼지고기 잡내가 싹 사라져요. 요리는 쉽게, 맛은 제 대로 내는 방법이에요. 수육은 기장밥과 곁들여 먹으면 든든하고 맛있어요.

3. 재료 비결

바삭하게 부쳐낸 달큰한 맛
# 배추전

겨울철 달큰한 배추로 부쳐내는 배추전은 소박하지만 입맛을 확 돋워주는 반찬이에요. 배춧잎을 반죽에 살짝 묻혀 지져내면 겉은 바삭하고 속은 촉촉한, 배추 본연의 단맛이 살아 있는 따뜻한 겨울 별미가 됩니다.

---

**재료**

배추 2장, 밀가루 3/4컵(약 100g), 물 1+1/2컵, 소금 1꼬집, 들기름 1큰술, 식용유 적당량, 만능 양념간장(33쪽 참고)

**만드는 순서**

1. 배추는 밑동을 자르고 뜯어 흐르는 물에 깨끗이 씻어요. 배추 흰 부분을 여러 번 찔러서 칼집을 내요 (칼집을 넣으면 부칠 때 배추가 잘 펼쳐져서 부치기 쉬워요).
2. 볼에 밀가루, 소금을 넣고 섞은 뒤, 물을 조금씩 넣어가며 주르륵 흐를 정도의 반죽 농도로 맞춰요.
3. 팬을 중불로 달군 뒤 식용유를 두르고, 배춧잎을 반죽에 앞뒤로 담가 묻혀 팬에 올려요.
4. 앞뒤로 꾹꾹 눌러주며 노릇하게 익히고 마지막에 들기름을 한 바퀴 둘러 한 번 더 앞뒤로 구워 마무리해요. (옆면이 반 정도 익었다 싶을 때 뒤집어요.)
5. 만능 양념간장에 전을 찍어 먹어요.

---

**이모카세 tip**

배추는 자르지 않고 결대로 쭉쭉 찢어 먹으면 식감도 좋고 더 맛있어요.

젓갈 없이 담가 더 개운한

# 안동집 겉절이

제가 운영하는 가게 '안동집'의 배추겉절이는 젓갈을 넣지 않는 것이 특징이에요. 그래야 뜨거운 국수와 함께 먹었을 때 비린 맛 없이 깔끔하게 어우러지거든요. 안동국시와 함께 먹으면 궁합이 정말 좋아요.

**재료**

알배기배추 1/2포기, 소금물(물 2컵+굵은 소금 2큰술), 대파 1/2대, 고춧가루 3큰술, 다진 마늘 1큰술, 물엿 1+1/2큰술, 소금 1/2큰술, 밀가루풀(또는 국수 삶은 물) 3큰술, 통깨 1큰술, 실부추(선택), 양파(선택)

**만드는 순서**

1. 배추는 한입 크기로 세로로 길게 썰어 흐르는 물에 씻어요. 굵은 소금을 넣은 물에 10분 정도 절여 바로 씻어내요. 손으로 눌렀을 때 뽀득한 느낌이 들면 잘 절여진 거예요. 대파는 어슷 썰어요.

2. 양념장은 대파, 고춧가루, 다진 마늘, 물엿, 소금, 밀가루풀을 잘 섞어 만들어둬요.

3. 절인 배추의 물기를 꼭 짜고 양념장을 넣어 골고루 무쳐요. 기호에 따라 실부추나 얇게 썬 양파를 추가해도 좋아요. 통깨를 뿌려 마무리해요.

**이모카세 tip**

국수 삶은 물을 겉절이 양념에 약간 섞으면 감칠맛이 더 살아나요. 여름에는 식초를 한두 방울 더하면 더 상큼하게 먹을 수 있고, 겨울에는 참기름 한 바퀴를 두르면 고소하고 맛있게 먹을 수 있어요. 기장밥과 곁들여 먹으면 아주 맛있어요.

나오며

**따뜻한 한 끼가**
**내어주는 기쁨**

한국의 사계절이 내어주는 제철 재료만으로도
한 상 가득 풍성한 밥상을 차릴 수 있어요.
그 안에서 골고루 먹는 기쁨을,
계절이 주는 맛과 향을 느껴보세요.

이 책이 부엌에서 첫 발을 내딛는 분들께
작은 용기가 되기를 바랍니다.
그리고 오늘 당신의 식탁이
조금 더 따뜻하고 행복하기를 바랍니다.

이르카세
김미정

### 이모카세의 즐거운 밥상

1판 1쇄 발행 2025. 9. 22.
1판 3쇄 발행 2025. 10. 24.

지은이 김미령

**발행인** 박강휘
편집 구예원, 봉정하 | 디자인 정윤수 | 마케팅 이서연 | 홍보 박은경, 이아연
사진 studio etc. 한정수 010-6232-8725, 장혁준 | 푸드 스타일링 스튜디오담다 주은정, 최영은, 김연재
식기 협찬 김성훈도자기 smartstore.naver.com/kshceramics, 열매달 www.yeolmaedal.com
**발행처** 김영사
등록 1979년 5월 17일(제406-2003-036호)
주소 경기도 파주시 문발로 197(문발동) 우편번호 10881
전화 마케팅부 031)955-3100, 편집부 031)955-3200 | 팩스 031)955-3111

저작권자 ⓒ 김미령, 2025
이 책은 저작권법에 의해 보호를 받는 저작물이므로
저자와 출판사의 허락 없이 내용의 일부를 인용하거나 발췌하는 것을 금합니다.

값은 뒤표지에 있습니다.
ISBN 979-11-7332-341-6 13590

홈페이지 www.gimmyoung.com    블로그 blog.naver.com/gybook
인스타그램 instagram.com/gimmyoung    이메일 bestbook@gimmyoung.com

좋은 독자가 좋은 책을 만듭니다.
김영사는 독자 여러분의 의견에 항상 귀 기울이고 있습니다.